DU MÊME AUTEUR

La diminution du revenu et la baisse du taux de l'intérêt,
1 vol. in-18 (Firmin-Didot).

Le homestead ou l'insaisissabilité de la petite propriété foncière, Mémoire couronné par l'Académie des Sciences morales et politiques. Prix Rossi pour l'année 1894, 1 vol. in-18 (A. Rousseau).

L'association de l'ouvrier aux profits du patron et la participation aux bénéfices, Ouvrage couronné par le *Musée social*, Concours 1895 (A. Rousseau).

PAUL BUREAU

PROFESSEUR DE DROIT INTERNATIONAL PUBLIC A L'INSTITUT CATHOLIQUE
DE PARIS

LE
CONFLIT ITALO-COLOMBIEN

(Affaire Cerruti)

LA CONDITION DES ÉTRANGERS

EN DROIT INTERNATIONAL PUBLIC

ET LES LACUNES DE LA PROCÉDURE ARBITRALE INTERNATIONALE

PARIS

LIBRAIRIE NOUVELLE DE DROIT ET DE JURISPRUDENCE

ARTHUR ROUSSEAU

ÉDITEUR

14, rue Soufflot, et rue Toullier, 13

1899

En 1885, M. Ernesto Cerruti, sujet italien résidant en Colombie, vit confisquer ses biens par décision administrative de l'autorité locale ; aussitôt l'Italie prit en mains la cause de son national et engagea avec la Colombie de longues négociations : à plusieurs reprises, de graves difficultés surgirent et la « Réclamation Cerruti » vient à peine d'être réglée définitivement.

Le Gouvernement de la Colombie a fait à l'auteur du présent mémoire l'honneur de lui demander de retracer les divers incidents dont, pendant quatorze ans, cette réclamation a été l'occasion.

Si, après une étude minutieuse du volumineux dossier de cette affaire et de la correspondance diplomatique extraordinairement abondante dont elle a été l'objet, j'ai accepté cette mission, c'est parce qu'il m'a paru que l'attitude toujours parfaitement loyale et correcte du Gouvernement colombien n'avait pas été appréciée en Europe, comme il convenait (1), et que, peut-être, cette

____

(1) La presse française et anglaise, naturellement portée à reproduire les renseignements donnés par les journaux italiens, a publié sur l'affaire Cerruti des commentaires erronés et les grands

affaire Cerruti était un épisode nouveau à joindre à l'histoire déjà trop longue et trop connue des abus de force dont les États européens se sont parfois rendus coupables à l'égard des Républiques de l'Amérique centrale et de l'Amérique du Sud.

Il y a vingt-quatre ans, M. Pradier Fodéré, signalant déjà ces abus, parlait éloquemment de la mission du jurisconsulte « qui, tandis que le canon gronde pour réduire le faible, élève une voix impartiale et proclame le verdict du bon droit » (1).

C'est cette fonction que je me propose de remplir ; j'espère convaincre le lecteur que, bien que l'initiative de la Colombie m'ait incité à m'en acquitter, cette circonstance n'a pas fait dévier la plume du professeur de Droit international public, qui a su toujours tenir ses yeux fixés sur l'image sereine de la justice et du droit.

journaux eux-mêmes n'ont pas échappé à cette méprise. Un exposé impartial des faits montrera que leur bonne foi a été surprise.

(1) Pradier Fodéré. Discours prononcé à l'ouverture du cours de la Faculté des sciences politiques et administratives de l'Université de Lima et du cours d'encyclopédie du droit ; extrait reproduit dans le *Traité de Droit international public européen et américain*, de ce même auteur, Paris, Pédone Lauriel, 1885, t. I, p. 341. — Dans ce même discours, M. Pradier Fodéré parle de ces émigrants « que le labeur rebute et qui sont gênés par des entraves imprévues. C'est le moment des murmures, des récriminations, des plaintes. La diplomatie gardienne vigilante des intérêts de ses nationaux intervient dans le conflit. Guidée souvent par des considérations plus politiques qu'humanitaires, elle se retranche derrière des ultimatums absolus ». Que d'exemples attestent l'exactitude de ce jugement !

Au surplus, l'histoire de la Réclamation Cerruti est instructive à d'autres points de vue : elle est de nature, notamment, à encourager les publicistes et les diplomates à perfectionner la procédure, encore trop rudimentaire, de l'arbitrage international.

I

M. Ernesto Cerruti (1) naquit à Turin en 1844 ; après avoir servi dans les troupes garibaldiennes, il émigra en Colombie en 1869 et fut au bout de quelques mois nommé agent consulaire italien. Deux ans après, il épousa, sans faire consacrer son union par aucune autorité religieuse (2), une jeune fille de nationalité colombienne et, en mars 1872, il témoignait déjà de l'étroitesse de son alliance avec la fraction la plus avan-

____

(1) Tous les faits rapportés dans ce mémoire sont attestés par le témoignage du médiateur, des commissions d'arbitrage, de l'arbitre, à qui le litige a été successivement soumis, sans que l'auteur se soit jamais arrêté aux affirmations des personnes en cause, lorsqu'elles n'étaient pas confirmées par un document précis ou par l'aveu de la partie intéressée à les contredire. La biographie de M. Cerruti, notamment, est empruntée, en grande partie, au préambule de la proposition de médiation du gouvernement espagnol.

(2) Ce détail n'est relevé que pour indiquer de suite les opinions philosophiques de M. Cerruti : l'ardeur des convictions de M. Cerruti fut en effet la cause indirecte des événements qui vont suivre. D'ailleurs M. Cerruti aimait à faire connaître son opinion « car, écrivait-il l'année dernière encore, la haine et les persécutions des jésuites sont ma plus haute satisfaction, parce qu'elles sont la meilleure preuve que je ne suis ni un imbécile, ni un fripon ». Lettre de M. Ernesto Cerruti au *Journal des Débats* (publiée dans le numéro du 25 août 1898).

cée du parti libéral, l'un des deux groupements politiques
du pays, en signant avec le général Jérémias Cardenas,
alors Président de l'État de Cauca, un contrat de four-
niture de fusils et de munitions. Ce contrat, qui devait
être exécuté dans le plus grand secret, donna lieu plus
tard à de nombreux commentaires dont l'écho retentit
dans le Parlement de Cauca en 1873 et dans le prétoire
des tribunaux en 1879.

Le 27 février 1873, M. Cerruti fonda une première
société en commandite sous la raison sociale E. Cerruti
et Cie au capital de 25,000 piastres. Cette maison devait
se livrer à un commerce varié et notamment à l'achat
et à la vente du sel. Pour apprécier le caractère très
spécial de cette société, il faut savoir que les trois associés de M. Ernesto Cerruti : MM. Jérémias Cardenas,
Lope Landaeta et Ezéquiel Hurtado étaient trois généraux de la République de Colombie et que le prix du
sel, qui était de deux francs environ, monta en quelques jours à une piastre (5 francs).

M. Cerruti prit une part active au mouvement politique
de 1876 et en février 1877 on le trouve à la tête de l'es-
corte qui conduit en exil l'évêque de Popayan, Mgr Ber-
mudez.

Par acte notarié en date du 28 juillet 1879, il fonda
avec les deux généraux Jérémias Cardenas et Ezéquiel
Hurtado, MM. Virgilio Quintana et José Quilici, tous
chefs reconnus du parti radical avancé, une société en
commandite, sous la raison sociale E. Cerruti et Cie.

Dans ce contrat d'association dont le texte intégral est reproduit dans les documents officiels, quatre clauses méritent l'attention. Aux termes de l'article 2 « le seul des membres de la société qui fournira le capital est M. Ernesto Cerruti. Ce capital est fixé à la somme de 106,322 piastres (environ 532,000 francs); les autres associés apportent leur travail. »

D'après l'article 6 : « les bénéfices seront répartis de la manière suivante : 30 0/0 à M. Cerruti et 17 1/2 0/0 à chacun des autres associés. »

L'article 20 stipule que : « Les associés étant convenus de régler par acte sous seing privé les intérêts et les droits de chacun dans la présente société, cet acte devra être considéré comme étant le complément du présent acte notarié et être réputé en faire partie intégrante. »

Enfin voici la clause de l'article 21 : « Quoique le droit des gens accorde aux étrangers une protection spéciale qui les autorise à faire valoir des droits qui ne résulteraient pas d'une convention expresse, cependant les membres de la société se placent sous la garantie internationale que représente M. Cerruti en sa qualité de propriétaire du capital de ladite société. »

Il est difficile de juger avec faveur ce contrat de société. *L'article 2 était certainement mensonger.* Si l'on prend en effet le bilan de la société E. Cerruti et Cⁱᵉ, tel qu'il a été dressé à la suite d'un accord établi entre les gouvernements italien et colombien, d'après l'état des livres au moment de la suspension des affaires — janvier-février 1885 — par deux experts, l'un italien, l'autre colombien, on constate que les autres associés apportaient aussi un capital et que même ce capital était notablement supérieur à celui apporté par M. Cerruti (1), et le témoignage explicite des avocats de M. Cerruti devant le tribunal arbitral de Washington confirme absolument l'exactitude de cette constatation (2). D'ailleurs, que pouvait représenter l'apport en travail de ces quatre politiciens dont deux étaient des généraux? Il vaut mieux ne pas le rechercher. Au surplus si M. Cerruti avait fait seul un apport en argent, la répartition des bénéfices, telle qu'elle était réglée à l'article 6, eût été peu équitable, puisque de fait il était entendu que lui seul serait le gérant, comme il le fut en réalité.

Si donc, sans se laisser duper par ces stipulations apparentes, on rapproche les articles 2, 6, 20 et 21, le but poursuivi par les associés devient parfaitement visible. Ces associés savaient combien il est avantageux pour un individu, dans tous les Etats de l'Amérique cen-

---

(1) Ainsi pour la maison de Popayan — chaque maison avait une comptabilité séparée — Cerruti apportait 33,176 piastres, Jérémias Cardenas 57,705, Ezequiel Hurtado 50,508.

(2) A la page 176 du mémoire déposé par ces honorables avocats, on lit en effet que M. Virgilio Quintana avait fait un apport de 33,269 piastres, M. Jérémias Cardenas de 57,705 piastres, M. Ezequiel Hurtado de 50,508 piastres, et M. José Quilici de 40,225. L'apport de ces quatre associés s'élevait donc à la somme de 181,707 piastres et par suite il représentait environ les trois cinquièmes du capital social.

trale et de l'Amérique du Sud, de pouvoir alléguer sa nationalité étrangère.

Dans ces pays, l'étranger jouit d'immunités et de privilèges singuliers, et il peut compter sur la vigilance spéciale des tribunaux pour défendre ses droits. Les autorités administratives se gardent de le molester, et en temps de guerre civile, alors que les personnes et les propriétés des citoyens sont trop souvent l'objet de mesures injustes, il lui suffit d'arborer sur sa maison le drapeau de sa patrie, pour qu'aussitôt sa demeure devienne un îlot sacré sur lequel personne n'osera porter la main ; et si, par hasard, dans le feu de la lutte, un des deux partis politiques abandonnait cette réserve, il est presque permis de dire que cette violation serait pour l'étranger un événement heureux, car il aurait la certitude d'obtenir une indemnité quatre fois supérieure au préjudice éprouvé. Le droit international public exige que les étrangers soient soumis au même traitement que les nationaux, il ne demande pour eux aucune faveur, mais il ne tolère, à leur détriment, aucun déni de justice. En fait, la diplomatie européenne a trop souvent, sous prétexte de protéger ses nationaux, revendiqué à leur profit d'exorbitants privilèges. Il est inutile de rappeler le blocus des ports et des rades de la République Argentine établi en 1838 par l'Angleterre et la France, pour un motif insignifiant, et qui dura dix ans ; l'expédition du Mexique dans laquelle la France pour-

suivit l'étrange dessein d'imposer à un pays un empe-
reur de son choix ; enfin les procédés, singulièrement
sommaires, employés par l'Angleterre en 1895, pour régler son conflit avec le Vénézuela. Il suffit de dire que
tous les professeurs de droit international public et tous
les auteurs sont unanimes à reconnaître que les Etats
européens apportent une vigilance excessive dans la
défense des droits, sérieux ou prétendus, de leurs nationaux qui résident sur les territoires de l'Amérique du
Sud ou de l'Amérique centrale. « L'histoire des relations
des Républiques de l'Amérique espagnole avec l'Europe,
dit un savant publiciste, offre de continuels exemples
de réclamations et de demandes d'indemnités pécuniaires. Ces réclamations, fondées sur des griefs souvent
très peu justifiés et toujours considérablement exagérés,
sont ordinairement présentées sous la menace d'un recours éventuel à la force pour les faire prévaloir.
Comme elles s'imposent plutôt qu'elles ne se proposent
à des Etats faibles par des Etats forts, elles aboutissent
communément à des réparations pécuniaires accordées
sans liquidation, ni examen préalable de leur légitimité (1). »

Cet état de choses est bien connu au-delà de l'Atlan-
tique, et les associés de la Société E. Cerruti et Cⁱᵉ agis-
saient en connaissance de cause en insérant l'article 21

---

(1) Pradier Fodéré, *Droit international public*, § 1ᵉʳ, p. 620.

ci-dessus rapporté et en décidant dans une clause, dont l'incorrection juridique saute aux yeux, que M. Cerruti, sujet italien, devait être considéré comme propriétaire du capital de la Société E. Cerruti et Cⁱᵉ. Ajoutons de suite que cette clause témoigne aussi de la situation favorable que dès cette époque le gouvernement de la Colombie reconnaissait aux étrangers.

Quoi qu'il en soit, la Société E. Cerruti et Cⁱᵉ, établie conformément aux dispositions des lois colombiennes, jouissait de la personnalité civile, et son identité juridique était distincte de celle des associés ; de plus, sa *nationalité était colombienne*, et en cas de contestation avec les autorités administratives, elle ne pouvait par conséquent que recourir, comme les citoyens colombiens, devant les tribunaux ordinaires du pays. Il importe de bien retenir ces deux points, dont on verra l'importance.

La Société Cerruti et Cⁱᵉ fonda successivement quatre maisons principales dans les villes colombiennes de Palmira, de Popayan, de Cali et de Bonaventura, et elle poursuivait ses affaires avec des alternatives diverses de gains et de pertes, lorsque survinrent les événements de 1885.

Il est difficile de connaître exactement le dessein poursuivi par les fondateurs de cette Société formée entre un commerçant et quatre politiciens de haute marque ; en tous cas on n'est pas étonné d'apprendre que pendant les années qui précédèrent le mouvement insurrectionnel de janvier 1885, M. Cerruti fut activement mêlé à la politique radicale (1).

De plus, deux de ses associés, le général Hurtado et le général Cardenas *avaient été de notables leaders radicaux*, à tel point que le premier de ces deux généraux fut, vers 1880, président de l'État de Cauca, et une inimitié profonde existait entre eux et les généraux Payan et Ulloa, qui étaient l'un président, l'autre secrétaire du gouvernement de Cauca (2).

Aussi, écrit M. Cerruti, quelques jours avant que la révolution éclata, le gouvernement de Cauca télégraphia au président de la municipalité de Cali de confisquer tous mes biens, si quelque soulèvement se produisait.

Le 19 janvier 1885, un bataillon de la garde colombienne se révolta à Cali et forma un gouvernement provisoire : ce fut le signal de divers soulèvements dans

---

(1) M. Cerruti a affirmé que le parti conservateur entretenait à son égard des sentiments d'une hostilité très vive.

« J'avais répudié, dit Cerruti, la foi catholique dans laquelle j'avais été élevé ; mon mariage avait été une affaire purement civile et le clergé me regardait avec une défaveur spéciale. » Déposition de Cerruti rapportée en tête du Mémoire soumis par M. Frédéric Coudert, lors de l'arbitrage, à M. Grover Cleveland, président des États-Unis ; p. 7.

(2) Déposition de Cerruti, loc. et op. cit. — Ainsi, à un dîner donné en 1884 par le général Hurtado, le général Payan annonça publiquement dans un discours que, si les associés de la maison Cerruti se levaient contre le gouvernement, il se mettrait lui-même à la tête de 500 hommes pour aller piller les magasins de la maison et il n'y laisserait pas une seule bobine de fil.

l'État de Cauca et dans toute la République. Cet acte causa alors une vive émotion, car les délinquants n'étaient pas seulement coupables d'insurrection, mais d'une véritable trahison.

De vives contestations se sont élevées plus tard entre le gouvernement italien et le gouvernement colombien sur l'étendue exacte de la participation de M. Cerruti au mouvement insurrectionnel de janvier et de février 1885. Ce qui est certain, c'est que l'immeuble de Salento, qui servait de résidence à M. Cerruti, fut un des derniers refuges des insurgés et qu'on y trouva un canon, un affût et les traces d'un camp (1).

Il est superflu d'ajouter que les autres associés, notamment les deux généraux Hurtado et Cardenas, prirent une part spécialement active au mouvement.

Le 11 février, le gouvernement de Cauca déclara, « conformément aux dispositions légales », que « M. Ernesto Cerruti avait perdu son caractère de neutralité dans l'insurrection actuelle » (2), et le lendemain, le chef de la municipalité de Cali décida que le sieur Cerruti, « ayant forfait sa qualité de neutre, était soumis aux charges et aux responsabilités qui incombaient aux citoyens colombiens »; aussi, conformément aux dispositions de la loi 38, année 1879, de l'État de Cauca,

---

(1) Il semble bien aussi que M. Cerruti fournit aux insurgés un concours pécuniaire.

(2) *Official publication submitted by the republic of Colombia to the President of the United States*, page 9.

« la propriété personnelle dudit Cerruti, ainsi que celle qu'il possède en commun avec les rebelles Ezequiel Hurtado et Virgilio Quintana, sont déclarées, par condamnation, appartenir à l'État, et le prix à en provenir sera appliqué aux dépenses de la guerre » (1).

Il importe d'insister sur la nature de cet acte, qui fut la source des inextricables difficultés au milieu desquelles allait s'exercer durant quatorze ans la sagacité des diplomates italiens et colombiens.

L'arrêté de confiscation invoquait dans ses motifs la violation de la neutralité commise par Cerruti, et à raison de ce fait, il frappait non seulement les biens qui appartenaient en propre à M. Cerruti, mais encore tous les biens de la société E. Cerruti et Cie ; or, cette société jouissait certainement de la personnalité civile et elle avait un patrimoine distinct qui n'était d'aucune manière la propriété indivise des associés. Ceux-ci n'avaient dans la société qu'une part, un intérêt, une action, suivant le nom qu'on voudra choisir. Or, *ce n'était pas cette part sociale de M. Cerruti qui était confisquée, mais bien la totalité* (2) *du patrimoine de la société.* Le gouvernement de Cauca, jugeant en effet que

____

(1) Eod. op., p. 114.

(2) Les termes de l'arrêté de confiscation, rapportés plus haut, ne visent, dans leur sens littéral, que la portion qui, dans chaque immeuble de la société, pouvait être considérée — si l'on oublie que la société était personne morale — comme appartenant à M. Cerruti, mais en fait, le gouvernement de Cauca, considérant les autres associés comme des rebelles, confisqua la totalité.

tous les associés de cette maison étaient des rebelles, pensa devoir confisquer l'ensemble du patrimoine social et lorsque, quelques mois plus tard, il reconnut que José Quilici était resté neutre pendant l'insurrection, il se borna à lui donner une indemnité (1).

Le moment était venu d'invoquer la garantie internationale escomptée par l'article 21 du contrat d'association de 1879. On n'y manqua pas et il y a lieu de présumer que les relations anciennes de M. Cerruti, ainsi que sa qualité d'ancien agent consulaire italien, donnèrent plus de poids à la réclamation qu'il adressa aussitôt à M. Segré, chargé d'affaires italien, à Bogota. Le 15 avril 1885, celui-ci protesta, en due forme, auprès du ministre des affaires étrangères du gouvernement colombien, M. Restrepo, au sujet du pillage et des brigandages commis dans l'immeuble de Salento, propriété d'un sujet italien ; il s'éleva aussi contre la confiscation de cet immeuble ainsi que d'autres biens mobiliers et immobiliers saisis à Cali, Palmira et Popayan (2).

---

(1) J'ai vainement cherché à connaître le chiffre de cette indemnité. Ce renseignement serait pourtant précieux, car il permettrait de fixer approximativement la valeur de l'actif net de la société E. Cerruti et Cie. — L'allocation de cette indemnité montre bien que le gouvernement colombien ne frappait pas M. Cerruti parce qu'il était étranger, mais parce qu'il était considéré comme rebelle. En effet, M. José Quilici était compatriote de M. Cerruti, tandis que les autres associés, dont les biens furent aussi confisqués, étaient de nationalité colombienne.

(2) En rédigeant cette note, l'agent diplomatique italien croyait que tous les biens confisqués étaient la propriété personnelle de

Il demanda en même temps qu'un passe-port fût accordé à M. Cerruti afin qu'il pût venir à Bogota déposer lui-même sa plainte et démontrer « la fausseté des accusations dirigées contre lui par le gouvernement de Cauca ».

Cette première requête, parfaitement courtoise et modérée dans la forme, fut l'origine de la correspondance diplomatique échangée à Bogota pendant le second trimestre de 1885 entre le ministre d'Italie et le gouvernement colombien.

Ces négociations avancèrent péniblement, tant à raison de la difficulté naturelle des communications dans un immense territoire encore peu peuplé, difficulté encore accrue par les soulèvements politiques du moment, qu'à raison du régime constitutionnel de la Colombie.

Celle-ci était alors un État fédéral dont la constitution, copiée sur celle des États-Unis de l'Amérique du Nord, laissait une grande indépendance au gouvernement local de chaque état (1).

____

M. Cerruti ; mais, en fait, tous les immeubles, ainsi que les marchandises et les bestiaux, appartenaient au contraire à la société E. Cerruti et Cⁱᵉ. Au sujet de l'immeuble de Salento spécialement, M. Cerruti a soutenu que cette *hacienda*, avec son matériel d'exploitation, était sa propriété personnelle, mais rien ne justifie cette assertion, qui est en contradiction directe avec les titres de propriété ; *vide infra* l'appendice.

(1) A la suite du mouvement insurrectionnel de 1885, la constitution colombienne a été modifiée et les pouvoirs locaux ont été restreints : le territoire colombien est aujourd'hui divisé en départements et non plus en états.

On sait que les Etats fédéraux, dont la constitution offre tant de garanties à la liberté des individus, puisqu'elle permet à chaque circonscription territoriale d'avoir une législation et une administration appropriées à sa condition sociale, présentent au point de vue des relations internationales une infériorité : les gouvernements étrangers autorisés à ne connaître que le pouvoir central, sollicitent parfois de celui-ci des mesures que la constitution lui interdit de prendre, et l'autorité fédérale, seule responsable au point de vue extérieur, doit avoir l'habileté d'amener le gouvernement local à des concessions qu'il ne peut lui imposer. Il y a contradiction entre les obligations extérieures du pouvoir fédéral et les droits que la constitution lui reconnaît à l'intérieur. C'est cette difficulté, connue de tous les jurisconsultes qui se sont occupés de Droit international public, qui, en 1891, fut l'origine des délicates questions soulevées par le lynchage de quelques Italiens à la Nouvelle-Orléans, et qui, en 1885, rendit plus compliqué l'examen de la réclamation de M. Cerruti.

Quoi qu'il en soit, dans toutes les dépêches qu'il adressa au ministre italien, M. Vicente Restrepo se montra toujours résolu à respecter également les exigences de la justice et les principes du droit des gens (1).

____

(1) « Dans le cas présent, tant que nous ne considérons qu'une mesure administrative prise à l'égard d'un étranger qui reste neu-

Dès qu'il put soupçonner (1) le gouvernement de Cauca de ne pas observer dans cette affaire toute l'impartialité à laquelle un accusé a toujours droit, il résolut d'intervenir personnellement auprès de ce gouvernement. Cette décision était sage, car, au lendemain d'une lutte violente, il est difficile à un parti politique de traiter avec une équité parfaite ceux qui, à tort ou à raison, sont accusés d'avoir dirigé le mouvement insurrectionnel et le pouvoir fédéral de Bogota, qui ne connaissait pas M. Cerruti et n'avait jamais été directement attaqué par lui, présentait seul les garanties indispensables.

Le 18 juillet, M. Restrepo notifia officiellement cette intervention à M. Segré et le 29 juillet il adressa effectivement une longue note en ce sens au secrétaire du gouvernement de Cauca à Popayan.

---

tre pendant une guerre civile, Votre Honneur trouvera de la part du Gouvernement la bonne volonté que je me flatte d'avoir toujours gardée à l'égard des sujets italiens et vous recevrez des démonstrations répétées de sa cordialité dans l'intérêt de l'amitié qui unit les deux nations. Si au contraire l'affaire revêt un autre caractère, j'ai confiance que Votre Honneur donnera au gouvernement de la Colombie une nouvelle preuve de son esprit de justice, en reconnaissant l'indépendance des autorités de la République dans l'exercice de leur pouvoir juridictionnel à l'égard des délits et des crimes commis sur le territoire national. » Note du 24 juin 1885 adressée à M. Segré, *Official Publication*, p. 13.

(1) Le gouvernement de Cauca avait refusé le passeport demandé pour M. Cerruti, alléguant que ce sujet italien était l'objet de poursuites judiciaires. Or, le ministre d'Italie prouva à M. Restrepo que des individus également poursuivis avaient néanmoins obtenu des passeports.

Dans cette note, M. Vicente Restrepo entre d'abord dans une minutieuse discussion juridique pour démontrer à son correspondant que la loi de Cauca, sur laquelle le pouvoir exécutif de cet Etat s'est appuyée pour prononcer la confiscation, n'est pas applicable ; en tous cas, cette loi doit être considérée comme abrogée par l'article 15 de la constitution fédérale, conforme d'ailleurs au principe de la loi des nations admis par les pays chrétiens : « Ceux-ci rejettent une pratique dont l'effet enlèverait tout stimulant au travail et donnerait naissance à des représailles sans fin parmi les enfants d'une nation toujours exposée aux calamités des dissensions intestines (1). »

Poursuivant sa note, M. Restrepo s'efforce ensuite de démontrer que le litige Cerruti échappe à la juridiction locale de Cauca à raison de la nationalité du plaignant et qu'il tombe incontestablement sous celle des autorités fédérales. Afin de mieux faire accepter sa thèse, il rappelle les principes généraux du droit qui gouvernent la condition des étrangers et montre que ces principes ont été méconnus.

Une procédure judiciaire régulière, si j'en crois les documents qui sont parvenus à mon département, n'a pas encore été ouverte et les témoignages recueillis manquent, en général, de cette autorité légale *(judicial weight)* qui serait nécessaire pour une discussion approfondie..... Jusqu'à preuve contraire, les étrangers sont

______

(1) *Official Publication...*, page 388.

toujours présumés avoir gardé une attitude neutre, l'abandon de cette attitude est l'exception et, dès lors, cette exception doit être démontrée d'une manière irréfutable...

... L'application des lois doit être faite aux étrangers comme aux nationaux, et il est évident que, si un étranger a pris part à l'insurrection, sa nationalité sera pour lui une circonstance aggravante. Mais il faut se souvenir que cette application est spécialement délicate, lorsqu'on se trouve en présence d'accusés tels que Cerruti qui, n'ayant pas porté ostensiblement les armes, se sont bornés à donner aux rebelles un concours occulte, et qui ont eu soin d'effacer toutes les traces de leur complicité politique.

En terminant, M. Restrepo transmettait au secrétaire de l'État de Cauca, « l'ordre du président de la Colombie de restituer à M. Cerruti la ou les propriétés immobilières dont il peut avoir été dépouillé, et en ce qui concerne les meubles qui, à raison des nécessités de la guerre, pourraient avoir été saisis, on devra s'efforcer d'en déterminer la valeur, l'espèce et la nature, sans préjudice de l'information à ouvrir ou à poursuivre sur la participation de ce sujet italien à la guerre civile » (1).

Pour reprocher à M. Vicente Restrepo d'avoir exprimé les idées contenues dans cette note, inspirée par l'esprit de justice et pleine de sentiments élevés, il faudrait oublier ce que devait être inévitablement l'état d'âme d'un homme placé dans sa situation. D'une part, il craignait de froisser les susceptibilités d'un gouvernement local, toujours enclin, dans un état fédéral, à se défendre

____

(1) *Official publication*, p. 391.

contre des empiétements du pouvoir suprême ; d'autre
part, son équité redoutait les emportements de la passion
politique : il connaissait l'ardeur que les Etats européens mettent à soutenir les réclamatious de leurs
nationaux, alors même qu'elles sont parfois peu fondées ; aussi voulait-il avoir la certitude absolue que,
dans cette affaire Cerruti, le bon droit était irréfutable-
ment du côté de la Colombie.

Mais, sous le bénéfice de cette réserve, il faut reconnaître que M. Restrepo était insuffisamment renseigné
sur les agissements de ce sujet italien ; la désapprobation
qu'exprimait cette note devint plus tard une arme redoutable aux mains de l'Italie, et dans sa médiation ultérieure, le gouvernement espagnol n'eut qu'à s'appuyer
sur ces aveux pour condamner la Colombie.

Les choses étaient ainsi en voie d'arrangement et on
ne pouvait douter qu'au bout de quelques jours l'incident ne fût amicalement réglé à la satisfaction des
deux parties. M. Segré connaissait si bien la loyauté
de M. Restrepo que, dès le 20 juillet, c'est-à-dire huit
jours avant que la lettre du ministre des affaires étrangères ne fût écrite, il s'empressait de témoigner sans
réserve sa reconnaissance (1).

____

(1)　　　« Monsieur le Ministre,
« Dans votre note très estimée du 18 courant, après avoir exprimé l'esprit de justice qui anime le gouvernement Colombien
dans l'examen des questions relatives aux sujets Italiens domiciliés
dans le Cauca, Votre Excellence me fait l'honneur de m'informer

La diplomatie poursuivait donc sans difficulté son œuvre habituelle de paix et de justice, lorsque survint un incident extraordinaire qui rendit aussitôt toute entente impossible et amena même la rupture des relations diplomatiques.

Dès les premiers jours du mois de juillet 1885, le croiseur italien *Flavio Gioia*, qui se trouvait alors à Panama, reçut l'ordre de partir pour Bonaventura « afin de se renseigner sur l'affaire Cerruti », et le 6 juillet il mouillait en effet en rade de ce port. Aussitôt arrivé, le commandant Cobianchi adressa à M. Cerruti un télégramme ainsi conçu : « *Venez ici immédiatement.* » Les autorités de Cali firent savoir au commandant italien que Cerruti avait reçu défense de quitter cette ville. Cobianchi répliqua que « suivant les ordres stricts du gouvernement de Sa Majesté le Roi d'Italie, il ne quit-

---

que le Très Excellent Président a résolu d'intervenir personnellement auprès du gouvernement de Cauca et qu'il désire me fournir l'occasion d'une conférence *aussitôt que le rétablissement des lignes télégraphiques aura rendu possible la réalisation de son dessein.*

« C'est mon devoir, et je l'accomplis avec une vive satisfaction, d'adresser mes remerciements à Votre Excellence pour cette importante communication. De plus en priant Votre Excellence de bien vouloir transmettre au Très Excellent Président mes sentiments de reconnaissance pour cette nouvelle preuve de bonté à l'égard des sujets du Roi, je m'empresse de me mettre à votre disposition pour la conférence projetée.

« Veuillez, etc.

« D. Segré. »

Official publication, p. 26.

terait pas la rade avant d'avoir eu un entretien avec M. Cerruti ». Le secrétaire de l'État de Cauca « autorisa le sieur Cerruti, accusé du crime de complot, à se rendre à bord du *Flavio Gioia* à condition que le commandant prît l'engagement d'honneur de renvoyer immédiatement Cerruti, afin que celui-ci restât soumis à la juridiction des autorités de Cauca ». Cette condition *fut formellement acceptée* par le commandant Cobianchi, le 8 juillet (1).

Cerruti vint ainsi à Bonaventura où il resta pendant le mois de juillet sous la protection du commandant italien.

Le 4 août le juge d'instruction de Cali, après avoir rempli les formalités ordinaires de la procédure, rendit une ordonnance aux termes de laquelle Cerruti était renvoyé devant la juridiction criminelle et en même temps il signait un mandat d'arrêt contre ce sujet italien, accusé du crime de rébellion, crime puni par les articles 133 et 143 du Code pénal.

Cerruti s'empressa de communiquer cette décision au commandant Cobianchi qui résolut aussitôt de s'opposer par la force à ce que le détenu fût emmené hors de la ville.

----

(1) « L'agent consulaire de Sa Majesté le Roi d'Italie m'a envoyé la communication officielle émanée du bureau du chef municipal, en date de ce jour, au sujet de la permission accordée par le pouvoir exécutif à Ernesto Cerruti, de conférer avec moi, sous ma parole d'honneur que, à la fin de cet entretien, je remettrais ledit Cerruti à la disposition de l'État de Cauca. » — *Official publication*, p. 119.

Ce commandant a fait lui-même, dans un rapport publié en 1886 par le gouvernement italien (1), le récit des mesures prises.

Le 5 août, à 8 heures du matin, rapporte le commandant, M. Cerruti fut arrêté par le chef de la police municipale sans qu'on m'indiquât de qui émanait l'ordre d'arrestation. Je ne perdis pas une minute ; la bonne volonté répond à la bonne volonté, la violence à la violence. J'armai immédiatement mes canots en guerre pour investir la ville (2), le pont qui relie l'île à la terre ferme fut gardé par deux canots, dont l'un portait un canon Hotchkiss et j'avais pris mes dispositions pour faire sauter ce pont au besoin. En même temps je requérais le chef de la police municipale de me dire quelle était l'autorité qui avait ordonné l'arrestation... Le chef de la police me répondit rapidement, protestant contre la violence employée. Je pensai de mon côté qu'il était bon, afin d'éviter les accidents, que tous les trains au départ de Bonaventura s'arrêtassent avant de franchir le pont afin de se soumettre à la visite d'un de nos officiers. Ces mesures furent maintenues pendant toute la journée du 5 août et la nuit suivante. Cerruti fut remis en liberté le lendemain (3).

On rappela au commandant Cobianchi sa parole d'honneur et la phrase si précise de sa dépêche du 8 juillet : l'officier italien se contenta de répondre « qu'il avait reçu de son gouvernement l'ordre formel d'exiger que Cerruti fût laissé en liberté sur parole à Bonaven-

____

(1) *Livre vert*, 1886, p. 26.

(2) La ville de Bonaventure est bâtie sur une île et cette circonstance facilite un investissement.

(3) *Livre vert italien* de 1886, page 27 et appendice.

tura et que toutes garanties lui fussent données, à lui, commandant du *Flavio, sans aucun égard à tout ce qui avait eu lieu auparavant* » (1).

Le 9 août, le commandant italien informe l'administration municipale que Cerruti resterait à bord, et « comme le gouvernement italien n'a nullement l'intention de s'immiscer dans l'œuvre de la justice d'un pays étranger, M. Cerruti sera remis aux mains des autorités compétentes, quand les négociations actuellement pendantes entre le gouvernement des États-Unis de Colombie et celui de Sa Majesté le Roi d'Italie auront abouti à un arrangement satisfaisant pour les deux parties » (2).

Je m'abstiens de juger cette conduite d'un officier de de marine (3).

Même en l'absence de tout engagement antérieur, cette intervention violente eût été contraire aux principes les plus certains du droit des gens. Sans doute, on conçoit l'indignation de l'agent italien à Bogota, lorsqu'il apprit l'arrestation de M. Cerruti, car il considérait comme une clause tacite du pacte du 18-20 juillet que

____

(1) *Official Publication*, page 133.

(2) *Official Publication*, page 133.

(3) Il importe d'ajouter sans retard, qu'en dépit des ordres supérieurs invoqués par le commandant Cobianchi, le gouvernement italien ne doit pas être considéré comme complice de cette violation de la parole donnée; il ignorait certainement l'engagement précis pris par un de ses officiers, vu que le commandant Cobianchi ne lui avait transmis que des renseignements incomplets.

le gouvernement de Cauca ne pourrait pas faire arrêter
M. Cerruti ; il manifesta son ressentiment dans une note
en date du 8 août (1). Mais, quand on lit les correspondances diplomatiques, on acquiert la certitude absolue
que, si le ministre plénipotentiaire italien avait été seul
à défendre les droits de son compatriote, cette ma-
lencontreuse arrestation n'eût pas entraîné de consé
quences graves. M. Restrepo avait tenu l'engagement
qu'il avait pris le 18 juillet et la lettre adressée au secrétaire de l'état de Cauca, le 29 juillet, *que l'agent
diplomatique italien ne connaissait pas encore*, montre
que cette promesse avait été tenue avec une scrupuleuse
loyauté ; à ma connaissance, il n'a jamais été établi que
les autorités de Cauca eussent reçu la lettre de M. Restrepo, avant le jour où le mandat d'arrêt fut lancé (2),
et alors même que le contraire serait vrai, les mesures
violentes prises par le commandant Cobianchi ne seraient pas moins dignes de réprobation.

---

(1) « Si le général Payan n'avait pas connaissance de la convention établie entre la légation d'Italie et le gouvernement fédéral,
convention aux termes de laquelle toute modification au présent
état de choses était implicitement prohibée, j'ai le droit de me
plaindre du défaut de notification. Si au contraire le général Payan,
dûment informé de cet accord, désirait en rendre la réalisation
impossible au moyen d'un nouvel acte arbitraire, c'est mon devoir de le condamner et de demander prompte justice pour les
intérêts et les droits italiens, une fois de plus gravement violés. »
— *Official publication*, page 22.

(2) Il ne faut pas oublier que les communications télégraphiques
étaient très défectueuses à ce moment. M. Segré lui-même l'atteste. Vide note supra, p. 22.

Lorsqu'un agent diplomatique a obtenu l'assurance formelle que le compatriote, en faveur de qui il intercède, sera traité conformément aux principes de la justice et du droit, le recours aux moyens de contrainte est toujours illégitime, alors même qu'un fonctionnaire subalterne ferait un acte en contradiction avec l'engagement pris. Quel État, dans le monde, peut garantir qu'aucun de ses préposés ne commettra un abus de pouvoir, et cette garantie n'est-elle pas plus impossible encore dans les États fédéraux? Lorsque les ministres responsables d'une nation ont pris un engagement, le gouvernement étranger envers qui cet engagement a été pris ne peut recourir à la violence tant que les ministres n'ont pas fait preuve de mauvaise foi ou d'impuissance. Le pouvoir central saura bien faire prévaloir sa volonté et prendre rapidement les mesures nécessaires. Dans ces conditions, à quoi sert-il d'investir une ville pacifique et de menacer de faire sauter les ponts (1)?

La nouvelle des actes accomplis par le commandant Cobianchi causa à Bogota une vive émotion et, le

______

(1) Il est toujours dangereux de confier à un officier de marine la négociation d'une affaire suivie parallèlement par l'agent diploplomatique, alors surtout que ces deux fonctionnaires n'ont pas la possibilité de se tenir en constante communication. Le tempérament du soldat se plie difficilement aux lenteurs et aux minuties des négociations diplomatiques et les États devraient toujours enjoindre expressément aux commandants des croiseurs de n'agir que sur l'ordre venu de la légation; autrement la présence du croiseur ne sert plus à appuyer la réclamation : elle rend l'entente impossible.

12 août, M. Restrépo adressa à M. Segré une protestation très ferme dans laquelle il exprimait son intention de suspendre les relations diplomatiques « si des explications, conformes à la fois au droit des gens et aux exigences de la dignité du gouvernement colombien, n'étaient pas fournies » (1).

Trois mois après, le ministre adressait aussi une circulaire au corps diplomatique pour signaler « la double offense faite à la Colombie, victime à la fois de la perfidie et de la violation de ses droits » (2).

Pendant trois mois encore les négociations se poursuivirent entre le ministre plénipotentiaire d'Italie et le ministre colombien des relations extérieures. Elles n'aboutirent à aucun résultat : l'Italie n'admettait pas que les évènements de Bonaventura dussent motiver la nomination d'une commission arbitrale et le gouvernement de Bogota refusait de soumettre à un arbitrage la question Cerruti, si une commission mixte n'était pas en même temps chargée de faire une enquête sur les actes du commandant Cobianchi. Enfin le 16 décembre les relations diplomatiques furent définitivement suspendues entre les deux pays et, quelques jours plus tard, l'escadre italienne du Pacifique reçut l'ordre de croiser dans les parages de la Colombie.

-----

(1) *Official Publication*, page 31.
(2) *Official Publication*, page 155.

II

Un rapprochement entre les deux États n'était possible que par l'entremise d'une tierce puissance. L'Espagne offrit ses bons offices qui furent acceptés; bientôt même on lui demanda de servir de médiateur.

La Colombie commit une imprudence grave dans les négociations ouvertes en vue de cette médiation et vu le caractère pratique et utilitaire de la diplomatie moderne, il est permis de regretter cette imprudence, alors même qu'elle atteste l'esprit chevaleresque de ceux qui l'ont commise.

Les deux États en litige alléguaient chacun un grief sérieux. L'Italie se plaignait de ce qu'une violation du droit et de la justice avait été commise au détriment d'un sujet italien, arrêté illégalement et dont les biens avaient été confisqués par voie administrative; la Colombie, de son côté, demandait réparation pour la double offense qui lui avait été faite.

On peut admettre provisoirement que les deux griefs étaient également fondés. Chacun des deux cabinets devait donc veiller à ne pas admettre le redressement du grief formulé contre lui tant qu'il n'obtenait point satisfaction sur sa plainte personnelle et il fallait s'en tenir à la tactique toujours avantageuse du *do ut des*. Chaque partie exposée à des attaques sur un point devait au moins user de tous ses avantages sur l'autre. La compensation ne garantissait pas le succès, mais du moins elle empêchait que la défaite se transformât endésastre.

Cette attitude, dont les avantages étaient si évidents qu'il semble impossible qu'un gouvernement ait jamais conçu la pensée de l'abandonner, ne fut pas gardée avec une fermeté suffisante par la Colombie ; cet État demandait que l'incident de Bonaventura fût soumis à un arbitrage en même temps que la question Cerruti ; l'Italie repoussait toute commission arbitrale sur l'affaire Cerruti : on fit ce qu'on appela une transaction et ce qui était en réalité une convention dans laquelle tous les risques étaient à la charge de la Colombie. Le 24 mai 1886, l'ambassadeur d'Italie à Paris, le comte Menabrea, et le ministre plénipotentiaire de Colombie dans cette même ville, M. Mateus, signaient deux conventions *séparées* : aux termes de la première (1), avant de signer le protocole relatif au règlement des autres questions

(1) Ce premier arrangement revêtit la forme de deux notes identiques que les deux ministres s'adressèrent réciproquement le même jour. Cette forme est préférée dans les usages diplomatiques, pour toutes les conventions dans lesquelles une des parties commence par formuler une déclaration unilatérale. *Official Publication*, p. 158 et 159.

pendantes entre les gouvernements, il est déclaré d'une part, que toute atteinte portée aux traités en vigueur, et à la souveraineté territoriale de la Colombie, devrait être considérée comme contraire aux ordres et aux intentions du gouvernement du roi d'Italie.

« D'autre part, le gouvernement colombien déclare avoir pleine confiance dans la loyauté du gouvernement du roi, en ce qui concerne la décision qui pourrait être rendue par les autorités compétentes d'Italie relativement aux actes du capitaine Cobianchi. » Conformément aux réglements en vigueur, cet officier devra fournir au conseil supérieur de la marine un rapport complet sur sa croisière à l'époque où il commandait le *Flavio Gioia.*

Il est convenu que le gouvernement du Roi remettra à ce tribunal supérieur les documents qui furent le fondement des plaintes de la République, contre cet officier de la marine italienne.

Le même jour, les deux agents diplomatiques signèrent un « protocole établissant une base pour le règlement de la réclamation Cerruti ». Voici le résumé de cette convention :

Les gouvernements d'Italie et de Colombie, après avoir réglé par l'échange de notes diplomatiques les questions pendantes entre eux qui ne sont pas soumises à la médiation amicale offerte par le gouvernement de Sa Majesté Catholique, et désirant, pour les autres questions, fixer d'une manière claire, précise et positive les bases de la dite médiation, ont signó *ad refe-rendum,* le présent protocole :

Art. 1er. — Immédiatement après la ratification du présent protoçole, les propriétés immobilières apparte-nant à M. Cerruti, situées en territoire colombien et qui ont été saisies par les autorités colombiennes, seront restituées à M. Cerruti et à ses représentants.

Art. 2. — Toutes autres réclamations, quelles qu'elles soient, actuellement pendantes entre les deux gouver-nements au sujet dudit Cerruti ou d'autres sujets ita-liens, demeurent soumises à la médiation du gouver-nement de Sa Majesté Catholique, devant lequel les deux gouvernements produiront leurs preuves et docu-ments respectifs.

Les principales questions à trancher par le médiateur sont les suivantes :

Ledit Cerruti, ou tous autres sujets italiens, ont-ils perdu en Colombie leur qualité d'étrangers neutres. Oui ou non ?

Ont-ils perdu les droits, prérogatives et privilèges, accordés aux étrangers par le droit commun *(Ordinary Law)* et spécialement par les lois de Colombie. Oui ou non ?

La Colombie doit-elle payer une indemnité au dit Cerruti ou à tous autres sujets italiens. Oui ou non ?

Art. 3. — En cas de réponse affirmative à cette troi-sième question, le montant de cette indemnité, ainsi que le mode, les délais et les garanties du payement, seront fixés par un jugement arbitral sans appel, ni réserve d'aucune sorte, que les deux gouvernements conviennent de déférer à une commission mixte ainsi composée : le représentant de l'Italie à Bogota, un délégué du gouvernement colombien et le représentant de l'Espagne à Bogota. L'œuvre de cette commission mixte devra être accomplie dans les six mois (1) qui suivront la notification faite par le gouvernement espagnol de ses conclusions aux représentants des deux parties à Madrid.

L'article 4 contient une clause d'amnistie en faveur de M. Cerruti.

L'article 5 stipule que « les relations diplomatiques et amicales seront reprises le jour de l'approbation du présent protocole par les deux gouvernements ».

Ces deux conventions séparées rompaient au détriment de la Colombie l'égalité de situation qui, avant la signature, résultait des circonstances.

Sur un point l'Italie était juge et partie en sa propre cause et sans suspecter, de quelque manière que ce soit, la loyauté des membres du conseil supérieur de la marine, on peut dire que cet avantage était considérable. Dans tous les conflits où l'amour propre national est mêlé, il est précieux pour un accusé d'être jugé par ses compatriotes et ce privilège a plus de prix encore lors-

---

(1) Ce délai fut porté à onze mois par un article additionnel signé le 25 août 1886.

que les juges sont les pairs et les collègues du justiciable. De plus, ce n'est pas outrager les membres de ce
conseil supérieur que de supposer que l'esprit de ces
honorables officiers était spécialement accessible à l'in-
fluence des sentiments d'un patriotisme ardent. Dans
l'exercice ordinaire de leur profession ce sentiment est
une force, mais on peut douter qu'il fût une aide pour
apprécier avec sérénité les actes reprochés au commandant Cobianchi.

Quoiqu'il en soit, *il ne paraît pas qu'une peine
ait été prononcée contre cet officier, ni même qu'un
blâme lui ait été infligé et la sentence du tribunal
ne fut jamais officiellement communiquée à la Colombie.*

Au contraire, la plainte de l'Italie, dans l'intérêt de
M. Cerruti, allait être soumise au jugement d'une tierce
puissance, et il est incontestable que ce tribunal, devant lequel chaque partie pouvait exposer librement ses
moyens d'attaque et de défense, présentait de toutes
autres garanties d'impartialité.

Est-il permis de dire que le gouvernement colombien
ne se rendit peut-être pas parfaitement compte, à l'origine, de la gravité des clauses du protocole de Paris et
que surtout les diplomates colombiens qui s'occupèrent
ultérieurement de la réclamation Cerruti n'apprécièrent
pas avec une exactitude parfaite les conséquences de ces
clauses.

De la combinaison des articles 2 et 3 du protocole il

résulte manifestement que la Colombie reconnaissait que, *s'il était jugé que M. Cerruti eût conservé sa qualité d'étranger neutre et qu'il eût droit à une indemnité, cette indemnité devrait être fixée par un tribunal arbitral international et non par les tribunaux colombiens ordinaires.*

Or il faut bien établir que cette concession apportait une dérogation exorbitante au droit commun et dérogeait aux principes les plus incontestables du Droit des Gens : puisque les étrangers n'ont, en aucun cas, le droit de réclamer des privilèges et des avantages qui ne seraient pas accordés aux nationaux, ils doivent, lorsqu'ils sont victimes d'une illégalité commise à leur détriment par un fonctionnaire, suivre la même procédure que celle que suivrait un national, c'est-à-dire s'adresser aux tribunaux ordinaires.

Si le plaignant, par cette voie, n'obtient pas le redressement des griefs qu'il allègue, alors s'il est étranger, il peut obtenir l'intervention de son gouvernement, fondée sur ce que le Droit des Gens a été violé en sa personne.

Mais ce motif même démontre que l'étranger ne peut prétendre intervertir cet ordre : puisque le droit du gouvernement, dont relève cet étranger, d'intervenir diplomatiquement résulte, non du préjudice originaire dont son national a souffert, mais du déni de justice qui en a empêché la réparation ou a été la cause de l'insuffisance de la réparation, il suit que l'immixtion diplomatique n'est licite qu'après l'épuisement des voies ordinaires de recours ouvertes par les lois du pays.

Toute autre procédure est non seulement irrégulière, mais *théoriquement inconcevable*, puisque le Droit des Gens n'est pas violé, lorsqu'un étranger subit un préjudice illégitime et que la violation ne commence qu'au moment où la réparation du préjudice est refusée (1).

La Colombie faisait donc à l'Italie une concession très importante : il est probable qu'elle avait raison de la faire (2) ; d'ailleurs elle espérait que l'arbitre apprécierait comme elle le rôle politique joué par M. Cerruti

-----

(1) Cette doctrine est universellement admise par les jurisconsultes de toutes les nations.

« Le gouvernement, dit Pasquale Fiore, qui, en vue de protéger les intérêts de ses nationaux, cherche à substituer l'action diplomatique à celle de la juridiction territoriale, commet un attentat contre le droit de souveraineté intérieure. » *Traité de Droit international*, § 626.

« L'Etat, écrit Sir R. Phillimore (2. *International law*, § 4) doit être convaincu que ses citoyens ont épuisé les moyens légaux de réparation que lui offrent les tribunaux du pays où ils ont souffert le dommage : si ces tribunaux sont impuissants ou de mauvaise volonté pour recevoir leurs griefs et statuer sur leur valeur, alors la raison de l'intervention est parfaitement fondée. »

Enfin Cushing exprime la même pensée au paragraphe 241 de son ouvrage : « la règle, dit-il, est qu'avant qu'un citoyen d'un pays ait droit à l'appui de son gouvernement pour obtenir réparation des dommages qu'il a subis par le fait d'un autre gouvernement, il doit avoir demandé en vain cette réparation aux tribunaux de la puissance qui a causé le dommage. »

(2) En effet, M. Cerruti eut dû autrement porter sa plainte devant les tribunaux du département de Cauca ; or, après les événements de 1885, cette juridiction pouvait être suspectée.

et jugerait en conséquence que ce commerçant avait perdu le droit d'alléguer son extranéité.

Quoiqu'il en soit, la signature du protocole de Paris était pour l'Italie un succès diplomatique incontestable ; pourtant elle souleva le vif mécontentement de M. Cerruti.

Celui-ci multiplia les démarches pour empêcher la ratification du protocole et, faute d'avoir obtenu ce résultat, il publia le 11 décembre 1886 des « *documents présentés au Parlement et à l'opinion publique* ». Ce fut « le *Livre Vert* de M. Cerruti » en réponse au *Livre Vert* officiel que le ministère italien des affaires étrangères venait de publier.

Dans la préface de cet ouvrage, M. Cerruti accusait M. de Robilant de faiblesse et de négligence, et il déclarait que « cette publication était destinée à compléter, à corriger et au besoin à confondre les documents publiés par le ministre dans son *Livre Vert*..... Il fallait que l'opinion publique et le Parlement fussent renseignés sur la manière dont son espoir de protection avait été réalisé et, après une enquête parlementaire, un million d'Italiens, établis par le monde, sauront s'ils ont encore une patrie (1). »

Quelle était donc la cause de cette irritation de

______

(1) Dans une lettre à un ami, en date du 31 août 1886, M. Cerruti écrit : « Dites-moi, après tous ces actes, si vous le pouvez, si j'ai tort de voir dans les autorités italiennes les complices du gouvernement colombien. » Document publié par M. Cerruti, p. 81.

M. Cerruti? Il est indispensable de la connaître et on verra par la suite que celui-ci avait dès le début donné à ses efforts un but spécial qu'il ne cessa de poursuivre avec ténacité. En dehors de la confiscation de l'immeuble de Salento, immense exploitation agricole *(hacienda)* de 6,250 hectares, dont M. Cerruti se prétendait à tort propriétaire et qu'il estimait valoir, avec son matériel et ses bestiaux, 226,377 piastres, ce commerçant italien soutenait que sa fortune avait été gravement atteinte par les confiscations prononcées contre la Société E. Cerruti et Cᵉ, dont il était à la fois l'associé le plus actif et le gérant; or, il a été établi légalement par des experts choisis par les deux gouvernements que les affaires de cette société étaient loin d'être aussi prospères qu'il l'affirmait; il fallait donc éviter à tout prix soit une restitution en nature, soit un examen des comptes (1).

L'article 1ᵉʳ stipulait la restitution immédiate des biens immobiliers, mais M. Cerruti ne voulait en aucune manière les reprendre et il y avait plus de huit mois déjà que le gouvernement de Colombie offrait à M. Cerruti, à sa femme, à ses associés, à ses amis, au consul italien, de restituer la propriété de Salento, sans qu'aucune de ces personnes voulût l'accepter. Lui-même a expliqué la cause de son refus et le but qu'il poursui-

____

(1) Sur l'état réel du patrimoine de M. Cerruti et des affaires de la Société E. Cerruti et Cⁱᵉ, *vide infra* l'appendice.

vait dans une longue lettre adressée, le 8 août 1886, au ministre italien des affaires étrangères et dont plusieurs passages offrent un intérêt spécial (1).

Quand aux indemnités supplémentaires pour dépréciation des immeubles restitués et perte des objets mobiliers, M. Cerruti les repoussait avec non moins d'énergie, car elles supposaient, pour qu'on pût en fixer le chiffre, un examen minutieux et attentif des livres de compte et des affaires de la Société E. Cerruti et Cie. Ce qu'il demandait, c'était une indemnité globale arbitrairement déterminée ; comme les affaires de la société

---

(1) « Le soussigné appelle respectueusement l'attention de Votre Excellence sur ce fait que le gouvernement colombien lui a, à maintes reprises, offert la restitution des immeubles confisqués. Cette offre (depuis longtemps connue du gouvernement du roi, grâce aux documents officiels qui ont été transmis), aurait dû par elle-même éveiller les soupçons dudit gouvernement royal et le détourner d'accepter aucun arrangement qui la consacrât. La propriété immobilière, que l'on prétend restituer, n'existe plus en réalité parce que le pillage et l'abandon l'ont en partie fait retourner à l'état de nature et elle est en partie occupée par des tiers, de sorte qu'il serait à la fois long, difficile et dangereux de la reprendre. Sans doute on dira que pour déterminer sa valeur, on tiendra compte de ces éléments de dépréciation et que l'indemnité prévue par une autre clause du compromis devra croître en proportion. Mais la réponse à ceci est qu'*un pareil arrangement conduirait à un labyrinthe inextricable de discussions et c'est précisément ce que le gouvernement colombien désire*. Il n'y a qu'un moyen d'éviter ceci : c'est que la Colombie garde la propriété qu'elle a usurpée et qu'elle la vende aux enchères à son compte, en remboursant au propriétaire une somme égale à sa valeur avant le pillage. » *Lettre de M. Ernesto Cerruti au ministre italien des affaires étrangères*. Rome, le 8 août 1886. On verra plus loin que cette dernière phrase était une prédiction.

commerciale dont il était le gérant n'étaient pas aussi prospères qu'il l'affirmait, il accroissait ainsi ses chances d'obtenir une forte indemnité.

En dépit de l'opposition ardente de M. Cerruti, le protocole de Paris ayant été ratifié, le gouvernement espagnol aborda bientôt la tâche qu'il avait acceptée de remplir.

En apparence deux questions étaient posées au médiateur : on lui demandait de dire d'abord si M. Cerruti avait, à raison de ses actes, perdu le droit, dans ses rapports avec le gouvernement colombien, de s'abriter derrière sa qualité d'étranger (art. 2 et 3 du protocole) et ensuite si M. Cerruti avait droit à une indemnité (art. 4). Ces deux questions étaient d'inégale importance et pour mieux dire la seconde n'avait été posée que par inadvertance. Elle avait été déjà résolue deux fois, par l'article 1er du protocole et par la décision antérieure du gouvernement colombien qui, dès le mois d'avril 1885, exprima la volonté formelle de restituer *à tous, nationaux et étrangers*, les biens confisqués. Il importait peu, sur ce premier point, que M. Cerruti fût italien ou colombien, puisqu'en toute hypothèse on était fermement décidé à lui restituer ses biens et à l'indemniser. D'ailleurs ainsi que le remarquera plus tard le médiateur espagnol, le droit à la restitution des meubles et à une indemnité était implicitement reconnu par l'article 1er.

Au contraire, la question posée par les articles 2 et 3,

bien que dénuée, comme on le voit, de tout intérêt pécuniaire, était fort importante et elle présentait un intérêt doctrinal que les diplomates colombiens avaient
parfaitement compris. Un État, qui compte parmi ses
habitants de nombreux émigrants que leur nationalité
rattache à des gouvernements dont les armées et les
flottes sont puissantes, voit toujours, avec une vive
inquiétude, une diplomatie étrangère appuyer une réclamation d'un de ces émigrants ; il sent aussitôt que
son indépendance nationale peut être menacée, s'il
laisse s'établir un précédent que d'autres étrangers
ne manqueront pas d'invoquer ensuite. La Colombie
avait donc raison d'attacher une grande importance
à la solution de la question posée : M. Cerruti est-il ou
n'est-il pas sujet italien ? car cette question, *à raison
des clauses du protocole de Paris*, équivalait à cette
autre : la diplomatie italienne a-t-elle ou n'a-t-elle
pas le droit d'intervenir pour apprécier si les satisfactions offertes à M. Cerruti sont suffisantes ? Autour
de cette seule question de principe et des conséquences que comporte la réponse affirmative graviteront
tous les incidents qui vont être étudiés dans ce mémoire.

Pendant la procédure de médiation, le gouvernement
colombien, qui semble décidément avoir oublié dans
toute cette affaire Cerruti que la loyauté parfaite et
l'honnêteté absolue ne peuvent à elles seules garantir
à un plaideur le succès, puisque le juge n'a pour con-

naître la vérité que les preuves apportées devant lui, commit une faute de tactique. Pour attester la participation de M. Cerruti aux luttes politiques de la Colombie, il ne suffisait pas de verser au débat les dépositions recueillies autrefois, à l'époque de l'insurrection et qui n'avaient pas été reçues par des magistrats de l'ordre judiciaire, ni de demander l'audition à Madrid de quelques témoins résidant alors en Europe. De pareils témoignages méritaient peu de créance et M. Jimenez, avocat de M. Cerruti, put facilement opposer des lettres et des dépositions favorables à son client. Le gouvernement colombien, s'apercevant de l'effet produit, crut réparer sa faute en envoyant dans les villes de Cauca un avocat de Bogota, chargé de conduire sur place une enquête impartiale, mais les procès-verbaux de cette enquête arrivèrent tardivement à Madrid, et il n'en fut pas tenu compte par le médiateur ; et quand même cette enquête eut pu être communiquée en temps utile, il est évident qu'elle n'aurait pas modifié l'opinion du médiateur, car elle était viciée dans son essence. Un plaideur n'est jamais qualifié pour diriger une pareille procédure : on trouve toujours des témoins qui déposent dans un sens déterminé, surtout lorsque les passions politiques sont en jeu, et le juge ne peut avoir la certitude que l'on ait apporté la même vigilance à susciter les témoignages en sens inverse et à les recueillir impartialement (1).

____

(1) Le gouvernement colombien aurait dû, s'appuyant sur les

La Colombie faillit donc à remplir ce premier devoir du plaideur, qui consiste à produire en due forme une preuve digne de foi. Dans ces conditions, le médiateur, qui avait aussi sous les yeux la note compromettante adressée le 29 juillet 1885, par M. Restrepo, au secrétaire de l'Etat de Cauca, devait admettre la plainte de l'Italie, *puisque les étrangers sont toujours présumés être restés neutres au milieu des luttes politiques qui divisent le pays où ils résident* (1). Le 26 janvier 1888, il formula une proposition de médiation qui était défavorable à la Colombie et dont voici le résumé :

Après avoir tracé la biographie de M. Cerruti et avoir relaté les faits et les incidents de l'affaire litigieuse, le médiateur analyse longuement la note de M. Restrepo au secrétaire de l'Etat de Cauca, en date du 29 juillet 1885, puis, après diverses considérations juridiques,

------

termes précis de l'article 2 du protocole : « les deux gouvernements produiront leurs preuves et leurs documents respectifs », adresser une requête afin qu'un magistrat espagnol fût envoyé en Colombie pour faire sur place l'enquête indispensable. Il est vraisemblable que cette demande eut été accueillie par le médiateur : au surplus j'ajouterai que ce point aurait dû faire l'objet d'une clause spéciale du protocole. L'administration des preuves a une grande importance dans les litiges : pourquoi, dans les protocoles de médiation ou d'arbitrage, néglige-t-on si souvent de la régler ?

(1) Le médiateur, qui crut devoir écarter les témoignages apportés par les deux adversaires, n'a pas, en effet, décidé que M. Cerruti n'avait pas accompli les actes qui lui étaient reprochés par la Colombie, mais que cette puissance ne rapportait pas la preuve que ces actes eussent été accomplis. Cette différence est importante.

dont l'une, vu son importance, sera plus loin l'objet d'un examen spécial, il décide, en réponse aux deux premières questions que : « Cerruti n'a pas perdu sa qualité d'étranger neutre en Colombie non plus que les droits, prérogatives et privilèges accordés aux étrangers par la coutume et les lois de Colombie. » Sans doute, ajoute-t-il, si les faits allégués étaient exacts et si le gouvernement de Colombie avait pris le soin, au moment où ils furent accomplis, de s'assurer des témoignages formels, Cerruti eut été certainement soumis aux lois de Cauca, mais dans le cas présent, le médiateur est du même avis que l'autorité fédérale de Colombie, à savoir que. dans la procédure commencée par le gouvernement de Cauca, il n'y a pas de témoignage suffisant de la participation de Cerruti à la guerre civile. »

En conséquence, une indemnité devra être payée à M. Cerruti « pour tous les biens meubles qui ne pourraient être restitués en nature et pour les déprédations causées aux immeubles » (1).

Cette décision n'était pas une sentence arbitrale, mais une proposition de médiation ; les deux parties pou-

---

(1) Le médiateur, en terminant, considérait qu'il était de son devoir de déclarer que « la doctrine défendue par le pouvoir fédéral de Colombie était parfaitement conforme aux prescriptions du droit des gens et elle attestait qu'au milieu des agitations qui troublaient les États de la Confédération, le gouvernement central maintenait intacts les principes de justice et de droit international qui lui assurent l'estime des autres nations ».

vaient donc la rejeter, mais, comme il était naturel, elles résolurent immédiatement de l'accepter.

La disposition qui condamnait la Colombie à payer une indemnité était de peu d'importance. Comme l'a remarqué très justement le médiateur, elle était la conséquence nécessaire des instructions, autrefois données par le pouvoir fédéral colombien, et surtout de l'article 1er du protocole. Dès que les deux parties reconnaissaient que, d'après les lois internes de la Colombie, la confiscation des biens immobiliers avait été illégitime, comment aurait-on pu maintenir celle des biens mobiliers (1)? Au contraire, on va voir combien il allait être difficile de s'entendre sur la portée à donner à la réponse aux deux premières questions.

Conformément aux dispositions du protocole de Paris, une commission arbitrale de trois membres se réunit à Bogota le 5 septembre 1888 (2). Plusieurs mois s'écoulèrent sans que M. Cerruti formulât en due forme sa demande. A trois reprises différentes le délégué colombien,

---

(1) Il semble que l'article 4 du protocole posât une question implicitement résolue par l'article 1er.

(2) Le comte Gloria représentait l'Italie, M. Julian Cock Bayer était le délégué colombien, enfin M. Bernado de Cologan avait été nommé par l'Espagne. Ce dernier présida. — On se rappelle que la durée des pouvoirs de la commission arbitrale avait été fixée à 11 mois et ce délai courait depuis le 23 avril 1888, date à laquelle les deux gouvernements avaient notifié leur acceptation de la décision. Plus de 4 mois s'étaient donc déjà écoulé avant le jour où la commission arbitrale se réunit pour la première fois. Il eut été préférable de fixer un premier délai dans lequel la commission au-

devinant la tactique du demandeur, insista pour qu'un délai fût imposé à celui-ci à l'effet de présenter sa demande. Il finit seulement par obtenir, le 3 décembre, que le comte Gloria envoyât à son gouvernement un télégramme ainsi conçu : « La majorité de la commission insiste pour une prompte présentation de la demande Cerruti (1). » Enfin M. Cerruti lui-même arriva à Bogota, accompagné de son avocat M. Martos Jimenez, le 13 janvier 1889, c'est-à-dire deux mois et cinq jours avant l'expiration du terme qui devait mettre fin au pouvoir juridictionnel de la commission.

Précisément trois jours plus tard, Me Galindo, avocat de la Colombie, déposa un long mémoire (2) dans lequel il sollicitait le règlement de certaines questions préalables. Il demandait d'abord que la commission arbitrale reconnût, dans un jugement avant dire droit, qu'elle était incompétente pour déterminer les indemnités qui pourraient être dues à la société E. Cerruti et Cie, personne juridique colombienne et « *toute déci-*

---

rait dû se réunir et un second dans lequel elle aurait dû rendre sa sentence (et même sur ce point une difficulté spéciale pouvait surgir, *vide infra*). Ce second délai n'aurait dû courir qu'à compter du jour de la première réunion.

(1) On doit remarquer les termes un peu incorrects de ce télégramme : pourquoi le comte Gloria établit-il une différence entre la majorité de la commission et cette commission même ?

(2) Ce mémoire remplit vingt-cinq pages d'un volume in-quarto : l'étendue en est telle qu'il est impossible de voir autre chose qu'une coïncidence entre la date où il fut déposé et celle de l'arrivée de M. Cerruti à Bogota.

*sion que la commission rendrait sur ce sujet serait
entachée d'excès de pouvoir et resterait soumise à l'action diplomatique du gouvernement colombien ».*

Puis, poursuivant ses conclusions, M. Galindo demandait que « le tribunal statuât véritablement comme
un juge, d'après les principes du droit international et
répudiant le rôle d'un intermédiaire amical, ne se lais-
sât pas aller à fixer une indemnité en bloc, en guise
de règlement amiable. *J'ai reçu des instructions posi-
tives de la partie que je représente à l'effet de déclarer que les stipulations de l'obligation reconnue dans
le protocole n'autorisent pas une pareille sentence et
le gouvernement colombien ne l'accepterait pas.* »

Enfin l'auteur du mémoire, après avoir examiné divers
points de droit relatifs aux obligations des Etats vis-à-
vis des étrangers, terminait en demandant à la commission de déclarer ce qu'elle comptait faire au cas où
le demandeur déposerait sa requête à une date si tardive
que le défendeur n'aurait plus le temps de prendre
les mesures nécessaires à la défense de ses droits (1).

---

(1) Voici le passage du mémoire relatif à ce sujet : « Mon gouvernement m'a donné des instructions à l'effet de protester contre
le refus opposé par la majorité du tribunal à la requête adressée
par le délégué colombien demandant que des règles de procédure
fussent fixées dans cette affaire. Comme le protocole de Paris n'en
a déterminé aucune, il incombait à ce tribunal de fixer la procédure, d'autant plus qu'*il ne peut y avoir aucun jugement* sans
procédure.

« Afin de montrer les inconvénients de ce refus, supposons, ce
qui est parfaitement admissible, que M. Cerruti, qui dans ce litige

Ce mémoire souleva les protestations du commissaire italien qui se plaignit de l'atteinte portée à l'indépendance de la commission, atteinte qui était d'autant plus grave qu'elle paraissait avoir un caractère semi-officiel.

Tous les jurisconsultes internationalistes s'accordent

---

est le demandeur, attende pour présenter sa demande jusqu'à l'avant dernier jour du délai fixé par le protocole — lequel expire le 23 mars prochain. — La commission pourrait-elle en vingt-quatre heures transmettre la demande, recevoir les preuves, donner un délai au défendeur pour répondre, enfin rendre son jugement, en un mot pourrait-on accomplir les divers actes de procédure qui sont de droit naturel dans tous les procès et sans lesquels la sentence est entachée de nullité ?

« Evidemment non.

« Il ne serait même pas régulier de déposer la demande une semaine, un mois, ou même deux mois avant l'expiration du délai. Or, le délai de onze mois, imparti à la commission pour statuer sur ce litige, a commencé le 22 avril 1888 et la poursuite aurait dû commencer le même jour.

« Le gouvernement colombien, qui est le défendeur, a le droit absolu de connaître la demande *en temps utile et il ne la connaît pas encore*, après un délai de deux cent soixante-dix jours et alors que le délai intégral, dans lequel la sentence doit être rendue, est de trois cents trente ; j'ai l'ordre de la partie que je représente, la seule à qui ce retard soit préjudiciable, de formuler à ce sujet les plus expresses réserves.

« S'il y avait des preuves à produire et que le temps matériel manquât pour le faire, comment pourrait-on obtenir une prolongation de délai ? Aussi je demande respectueusement au tribunal de bien vouloir faire quelque déclaration à ce sujet, afin que les parties puissent connaître quelle ligne de conduite elles doivent suivre, quelles formalités observer, quels moyens prendre pour défendre leurs droits.

« Veuillez, Messieurs, accepter l'assurance de ma considération personnelle.

« Anibal GALINDO. »

à signaler l'importance du choix du lieu où doit siéger un tribunal arbitral. Le protocole de Paris avait choisi Bogota qui était l'endroit le mieux approprié pour que la commission pût, en connaissance de cause, fixer le chiffre de l'indemnité. Mais d'autre part, Bogota, capitale du pays qui était défendeur au procès, était par là-même l'endroit où se manifestaient le plus vivement les passions que ne manque jamais d'éveiller un conflit où l'amour propre national est en jeu.

Dans ces circonstances, le gouvernement colombien aurait dû redoubler de vigilance pour que l'attitude de tous ceux qui le représentaient dans le procès Cerruti fût, jusque dans les plus minutieux détails, d'une impeccable correction. Or, le ton général du mémoire de M. Galindo était loin d'être aussi respectueux qu'il aurait dû l'être et l'honorable avocat semblait oublier combien était délicate la situation de la partie qu'il représentait (1).

Le commissaire italien, le comte Gloria, demanda des explications à M. Restrepo, ministre des affaires étrangères, au sujet de certains passages du mémoire, et, en attendant cette réponse, il notifia, le 25 janvier,

____

(1) Outre la formule finale de salutation (*vide supra*, p. 48, note), il y avait bien des passages qui pouvaient paraître déplacés dans ce mémoire. En voici seulement deux extraits : « Il s'agit de savoir si les États européens veulent nous appliquer les principes du droit international qu'ils observent dans leurs rapports réciproques, ou s'ils veulent inventer à notre usage une législation qui tiendrait le milieu entre le droit international européen et les

qu'il se retirait de la commission. M. Restrepo répondit qu'il n'avait jamais eu l'intention de limiter les pouvoirs de la commission en deça du protocole de Paris et M. Galindo présenta un mémoire rectificatif dans lequel il retirait les deux phrases qui avaient éveillé la légitime susceptibilité du commissaire italien. Aussi, le 11 février, le comte Gloria reprit, dans la commission, la place qu'il n'aurait jamais dû quittter (1).

---

principes d'exterritorialité qu'ils appliquent aux pays musulmans et aux tribus sauvages de l'Afrique. » *Official publication*, p. 247.

Ailleurs l'auteur parle de « la barbarie qui, sous la forme de la plus abjecte ignorance, des monstrueuses superstitions populaires, des instincts criminels et pervers et des passions politiques, se trouvera toujours dans les couches inférieures de toute société et à laquelle les gouvernements de Russie, d'Angleterre, de France, d'Italie, d'Allemagne, de la puissante République de l'Amérique du Nord ne peuvent se vanter de soustraire toujours les individus ». *Eod. op.*, p. 257.— M. Galindo commit encore d'autres fautes professionnelles qu'on a de la peine à comprendre : ainsi ce mémoire fut imprimé avant d'avoir été remis au tribunal et un soir le commissaire italien en reçut un exemplaire sans savoir qui le lui avait envoyé. D'ailleurs, au moment où il le recevait, d'autres exemplaires étaient déjà en circulation.

(1) L'absence du comte Gloria, si elle eut persisté, eût soulevé une question délicate, celle de savoir si le tribunal arbitral pouvait continuer de siéger. M. Calvo estime qu'on doit, en cas de refus d'un ou de plusieurs arbitres de prendre part à la délibération, pourvoir à leur remplacement et, en cas d'impossibilité, dissoudre le tribunal arbitral. (*Le droit international théorique et pratique*, tome III, § 1768). Au contraire, l'article 21 du Règlement voté par l'Institut de Droit international décide que la majorité suffit pour tout jugement, même dans cette hypothèse, et cette opinion est approuvée par M. Mérignhac, dans son *Traité de l'arbitrage international* (§ 280). — L'honorable président de la commission de Bogota, M. Cologan, exprima l'avis que le départ du délégué italien ne permettait plus à la commission de siéger. L'opinion

L'auteur de ce mémoire se croit d'autant mieux autorisé à critiquer la conduite du délégué italien, que l'attitude de cet arbitre a déjà été jugée par un éminent publiciste, M. Auguste Pierantoni, sénateur du royaume d'Italie, membre de l'Institut de Droit international.

L'arbitre italien, dit ce jurisconsulte, ne fut pas correct en s'éloignant de la commission.

La procédure arbitrale admet seulement l'incapacité ou la récusation régulière d'un arbitre. Les exceptions tirées de l'incapacité et les motifs de récusation doivent être proposés avant tout autre moyen ; mais l'acceptation de l'office d'arbitre oblige l'individu nommé à remplir ses devoirs. *(Article 5, § 10 du Règlement pour la procédure arbitrale internationale, adopté par l'Institut de Droit international le 23 août 1875).* Un arbitre peut résigner l'office après l'avoir accepté ; et dans ce cas, les parties doivent se mettre d'accord sur le choix d'un autre arbitre. Mais s'éloigner pour faire des protestations et puis rentrer dans le collège n'est pas un procédé correct.

Ce langage mérite une entière approbation. Que deviendrait la procédure d'arbitrage, si un membre du tribunal, s'autorisant du langage incorrect d'un avocat,

---

contraire semble préférable, mais il faut reconnaître que la question est spécialement embarrassante, lorsqu'un tribunal arbitral n'est composé que de trois membres. En tous cas, il ne faut pas, avec M. Galindo, alléguer le précédent de la célèbre sentence de Genève : Sir Cockburn refusa seulement « d'adhérer à la décision » et de signer, mais il avait pris part à toutes les délibérations : dans ces conditions la validité de la sentence ne pouvait être douteuse.

avait le droit de se retirer? Le tribunal n'est-il pas institué précisément pour apprécier souverainement les conclusions déposées, et la volonté d'un plaideur suffit-elle donc à prouver la partialité des juges ?

M. Martos Jimenez, avocat de M. Cerruti, sut tirer habilement parti de cet incident. Profitant du mécontentement du comte Gloria, il fit parvenir le **26 janvier**, par l'intermédiaire de ce commissaire, au ministre italien des affaires étrangères, un télégramme ainsi conçu : « Convaincu que la commission sacrifierait Cerruti, conseille la retraite. » Le **10 février**, il déposa des conclusions dans lesquelles il déclarait au nom de M. E. Cerruti que, « s'appuyant sur les motifs précédemment exposés et sur tous autres qu'il se réservait la faculté de soumettre à qui de droit, il se tenait désormais en dehors de l'instance pendante et retirait sa demande ».

Le **18 février**, M. Jimenez renouvelait ses conclusions, priant les juges du tribunal arbitral de « considérer que M. E. Cerruti était formellement en dehors de l'instance, afin qu'aucune décision, qu'aucun décret, qu'aucune sentence *unanimement rendus* (1), (lesquels

---

(1) Il faut rapprocher ces mots des expressions similaires du comte Gloria, en date du 3 décembre : on persiste à mettre en opposition la commission et la majorité de la commission et on feint de croire que l'unanimité est nécessaire pour que la décision soit valable. Cette étrange doctrine ne peut être combattue avec trop de fermeté ; elle mettrait la validité de toute sentence arbitrale à la discrétion d'un seul délégué.

en toute hypothèse n'auraient aucune valeur légale) ne préjugeassent sa demande ultérieure ou ses droits ; il attendra que le gouvernement royal italien, qui est le plaignant dans cette instance, prenne telle décision qu'il jugera bon, après avoir reçu les communications que l'avocat soussigné jugera convenable de lui soumettre (1) ».

Ces conclusions étaient déposées « avec le plus profond respect, devant les juges du tribunal arbitral, afin qu'elle eussent tels effet et poids que de droit ».

Le lendemain, M. Cologan, président de la commission, avisa M. Galindo du retrait de la demande de M. Cerruti et il exprima l'avis que ce retrait dessaisissait la commission. Le 23 février M. Galindo répondit par une lettre adressée à M. le président de la commission mixte ; il demandait qu'un jugement par défaut fût prononcé (2).

Enfin, le 2 mars 1889 la commission décida à l'unanimité, « qu'elle suspendait ses réunions, parce qu'il n'y avait plus devant elle d'affaire qui les rendit nécessaires ».

Ce fut le dernier acte de la commission mixte italo-colombienne, le terme de ses pouvoirs juridictionnels expira le 23 mars et la réclamation Cerruti restait pendante avec quelques complications en plus.

---

(1) *Official publication*, page 304.
(2) *Op. cit.*, p. 313.

A propos de cet étrange résultat trois questions doivent être examinées. D'abord la commission arbitrale de Bogota eut-elle raison de se séparer sans avoir rendu une sentence quelconque? Sur ce premier point aucun doute n'est possible, la commission garda la seule attitude qui fût compatible avec les principes du droit, car *à aucun moment elle n'a été saisie d'une demande régulière quelconque.* Après le désistement de M. Cerruti, M. Galindo demanda qu'un jugement par défaut fût prononcé, mais cette demande, formulée par simple lettre au Président, n'était pas transmise dans les formes régulières de procédure nécessaires pour mettre le tribunal en demeure de statuer (1) ; en réalité le tribunal n'avait plus aucun justiciable devant lui, puisque M. Cerruti s'était expressément retiré de l'instance et que M. Galindo, avocat de la Colombie, au lieu d'accomplir des actes réguliers de procédure, d'adresser des requêtes au tribunal, de faire des significations à son adversaire, s'était borné à correspondre officieusement avec le Président (2).

Si la conduite de la commission mixte de Bogota fut conforme aux principes du droit, il semble au contraire impossible de ne pas blâmer la tactique suivie par l'avo-

---

(1) En ce sens, lettre de M. Cologan à M. Galindo en date du 19 février 1889, section V. *Official publication*, page 310.

(2) Pourtant le 21 janvier, M. Galindo adressa des conclusions en forme, mais le tribunal ne pouvait trancher des questions préliminaires, puisqu'il n'était pas saisi du litige principal.

cat qui représenta la Colombie : d'une manière générale, on peut reprocher à M. Galindo, en dehors des erreurs de langage qui ont été déjà relevées, de n'avoir pas donné à ses actes la forme régulière exigée par les lois de procédure.

S'il avait soumis au tribunal des conclusions en due forme, et s'il lui avait transmis tous les renseignements en temps utile, celui-ci aurait été obligé de statuer, car l'obligation la plus stricte du juge est de formuler sa décision sur les questions posées dans la forme légale.

Sans doute M. Cerruti eut l'habileté de présenter tardivement sa réclamation, afin de ne pas laisser à son adversaire le temps de produire ses preuves. Mais cette manœuvre même eût été facilement déjouée par un tacticien expérimenté. Lorsque, pour trancher un litige qui a été l'occasion de mesures violentes et la cause de la rupture des relations diplomatiques, deux gouvernements ont, après de laborieuses négociations, signé un protocole de médiation, et que l'avis du médiateur a été ratifié, il est inadmissible que le mauvais vouloir d'un simple particulier puisse arrêter le cours normal de la procédure. Si M. Galindo eût exposé ces choses en due forme à la commission mixte, sa thèse eût été inexpugnable et aucun jurisconsulte ne croira que la commission italo-colombienne eût refusé de l'admettre. En droit civil, les lois internes de chaque pays donnent à tout plaideur, engagé dans un procès, le droit et les moyens d'arriver à une solution définitive malgré le défaut ou le désistement d'instance de l'adversaire. Il est en effet intolérable qu'un particulier puisse être molesté par des demandes sans cesse renouvelées et dont aucune n'aboutirait à un jugement.

L'article 403 du Code français de procédure civile atteste implicitement que le désistement d'instance ne produit effet à l'égard du défendeur qu'autant que cette partie a acquiescé à l'acte de son adversaire. Si le défendeur n'a pas accepté le désistement, il a le droit de demander au tribunal que l'affaire suive son cours et soit examinée au fond; un jugement sera prononcé et le demandeur n'aura plus que la ressource de l'opposition et de l'appel.

Si ce principe est vrai dans les procès ordinaires, combien plus fidèlement doit-il être observé dans les litiges internationaux où des intérêts si considérables sont en jeu. Bien que M. Cerruti ne comparût pas devant la commission de Bogota et ne déposât pas sa demande, le gouvernement colombien était en droit d'exiger qu'un jugement intervînt, puisqu'en réalité l'affaire était liée depuis le **24 mai 1886**, date de la signature du protocole de **Paris**. Le désistement signifié par **M. Jimenez** ne pouvait arrêter le cours de la procédure, puisque l'honorable avocat avait bien soin d'indiquer qu'il réservait le droit de son client et n'abandonnait que l'instance; dans ces conditions, la Colombie pouvait et devait tenir à ce que l'indemnité réclamée fût définitivement fixée.

Au surplus, il est à peine besoin d'ajouter que la responsabilité de l'échec de la commission italo-colombienne incombe tout entière à M. Cerruti. Celui-ci a allégué que l'attitude incorrecte de M. Galindo l'avait empêché de rester dans l'instance et il a aussi soutenu que la publication du livre de M. Pizarro, en excitant la passion populaire, rendait impossible son séjour à Bogota, en même temps que la liberté de la commission était entravée (1). Mais ces excuses ne peuvent être accueillies, car lorsque l'incident Galindo se produisit, la commission, qui siégeait depuis quatre mois et demi déjà, n'était pas encore saisie de la demande de M. Cerruti. Le vrai motif de là retraite de ce dernier est apparent : il ne voulait à aucun prix soumettre à un tribunal quelconque l'examen des comptes de la société E. Cerruti et Cⁱᵉ et il désirait obtenir par voie diplomatique l'allocation d'une somme globale. Suivant l'expression de son télégramme, il craignait d'être sacrifié par la commission, et ses craintes étaient fondées, s'il est vrai que ce soit sacrifier un plaideur que de ne lui accorder

---

(1) M. Pizarro était cet avocat de Bogota que le gouvernement colombien avait, lors de la médiation de l'Espagne, chargé de faire sur place, dans le Cauca, une enquête sur les agissements de M. Cerruti. Cet avocat, mécontent de voir que son travail avait été inutile, puisque les procès-verbaux des dépositions arrivèrent trop tard à Madrid, crut habile de publier un livre sur l'affaire Cerruti. Cet ouvrage de polémique chauvine n'aurait pas dû être publié avant le règlement définitif du litige, et le gouvernement colombien en désapprouva la publication ; mais cet incident n'a aucun rapport avec les travaux de la commission de Bogota.

des dommages-intérêts que sur la preuve précise du préjudice subi et de l'étendue de ce préjudice : les trois arbitres de Bogota étaient en effet de trop bons jurisconsultes pour juger autrement que sur des pièces et des documents dignes de foi.

Enfin, une troisième question reste à résoudre. Quelle était la situation juridique qui résultait pour les deux gouvernements italien et colombien de l'échec des travaux de la commission mixte ? Il semble que cette situation était la suivante : les deux gouvernements s'étaient engagés par contrat à nommer une commission arbitrale pour fixer l'indemnité due à un sujet italien lésé.

Par la faute de celui-ci, le tribunal n'avait pas statué, chacun des deux États avait le droit de considérer que le litige avait reçu sa solution, puisque, à l'égard de celui qui a empêché un évènement de s'accomplir, le tiers innocent est autorisé à considérer cet événement comme arrivé. Article 1178, Code civil français.

Peut-être M. Cerruti avait-il encore le droit de s'adresser aux tribunaux colombiens (1), mais en tous cas il semblait que l'Italie allait renoncer à soutenir désormais par la voie diplomatique la réclamation de son national.

On va voir qu'il n'en fut pas ainsi.

____

(1) La question est douteuse, car il n'est pas certain que le protocole de Paris, en instituant un tribunal spécial, n'ait pas fait cesser la compétence des tribunaux ordinaires. Pourtant l'opinion contraire semble préférable.

III

Dès le **21** décembre **1889**, M. Damiani, sous-secrétaire
d'État au ministère des affaires étrangères à Rome,
adressait à M. le général Posada, ministre plénipotentiaire de Colombie dans cette même ville, un mémoran-
dum, dans lequel il retraçait « les divers incidents qui
avaient dû convaincre M. Cerruti que la commission de
Bogota aurait siégé dans une atmosphère viciée et hos-
tile et où il soutenait que ces incidents étaient la vraie
cause de son départ soudain de Bogota et de son abandon de l'instance ».

Mais « comme le gouvernement du roi ne peut tolérer d'aucune manière qu'un citoyen italien soit injuste-
ment dépouillé de sa propriété et qu'il ne soit accordé
aucune attention à sa réclamation, qui a été appuyée par
l'action diplomatique des représentants royaux, il est
absolument nécessaire de trouver une autre méthode
pour le règlement de cette question » (1). Avant d'ouvrir de nouvelles négociations, M. Damiani croyait

____

(1) *Official Publication*, page 454.

opportun de fixer dix points sur lesquels l'accord lui semblait nécessaire.

Au début, l'agent diplomatique colombien allégua avec insistance que la réclamation Cerruti avait pris fin avec la commission de Bogota. Mais au bout de quelque temps il consentit à discuter à nouveau la question Cerruti. Il serait inutile et fastidieux de résumer ici toute la correspondance qui fut échangée depuis le 20 décembre 1889 jusqu'au 18 août 1894, date de la signature du protocole de Castellamare : cette correspondance remplit près de 200 pages d'un volume in-quarto.

Une seule question divisa les diplomates ; elle concernait, il est vrai, le point le plus délicat de la réclamation Cerruti, si fertile déjà en discussions : il s'agissait de savoir si le dommage causé à M. Cerruti à raison de la confiscation des biens de la Société E. Cerruti et Cie pouvait donner lieu à une réclamation diplomatique et éventuellement à une sentence d'un tribunal international (1). Fallait-il, au contraire, considérer que tout litige concernant les affaires de la Société E. Cerruti et Cie, personne juridique colombienne, ne pouvait être porté

---

(1) La Colombie consentit à renouveler l'importante concession faite déjà lors de la signature du protocole de Paris, à savoir que les griefs personnels et directs de M. Cerruti fussent soumis à l'examen d'un tribunal international ; mais devait-on considérer le dommage causé à la société colombienne E. Cerruti et Cie comme pouvant donner lieu à une plainte personnelle de la part de M. Cerruti ? là était le point litigieux.

que devant les tribunaux colombiens et que la République Sud américaine ne pouvait admettre une autre solution, incompatible avec sa dignité nationale et son indépendance ?

Cette question, qui n'avait pas été encore abordée directement dans la correspondance diplomatique et que le protocole de Paris de 1886 avait omis de signaler, était, en réalité, la seconde question grave que soulevait la réclamation Cerruti.

Le gouvernement espagnol avait jugé que Cerruti avait conservé sa qualité d'étranger ; par suite, la diplomatie italienne était autorisée à appuyer sa réclamation en cas de restitution insuffisante. *Mais tous les éléments de la réclamation de M. Cerruti avaient-ils un caractère international et pouvaient-ils donner lieu à négociations diplomatiques ?* Voilà le point que le médiateur espagnol avait omis de trancher. Cette omission avait été volontaire car, ainsi que l'atteste le passage que je vais citer, le médiateur avait parfaitement discerné qu'une question délicate avait été laissée dans l'ombre, mais précisément, parce qu'elle était délicate, il n'avait pas cru devoir la trancher, puisqu'elle ne lui était pas posée.

Il existe encore, avait-il dit dans le préambule de sa proposition de médiation, dans le cas soumis à la médiation de l'Espagne, un autre point de vue d'un grand intérêt ; il provient de ce fait que les biens de Cerruti, qui lui furent confisqués, appartenaient à une Société commerciale, qui, par sa constitution même, jouissait de la nationalité colombienne et qui ne peut être considérée comme une société étrangère.

En effet, quelle que soit la nationalité des individus faisant partie d'une Société commerciale, cette société ne peut se développer et vivre que d'après la législation du pays dans lequel elle a été formée. Toutes les raisons qui ont conduit les États à admettre qu'un étranger conserve sa nationalité et se trouve dans une condition juridique spéciale, disparaissent quand il s'agit de cet être moral qu'on appelle une Société commerciale. Si c'est une Compagnie qui a commis une faute, elle seule est responsable ; la nationalité de ses membres n'entre pas en ligne de compte. Mais, dans le cas présent et pour des motifs inexplicables, les autorités de Cauca s'empressèrent de déclarer que la part de l'associé José Quilici serait respectée, celui-ci-ci étant demeuré neutre. En même temps, on confisquait les biens de l'associé Cerruti, bien qu'on reconnût qu'il était étranger, à cause du motif contraire.

Si une telle jurisprudence était admise par le Droit international privé, du même coup la législation d'un pays, en matière de sociétés commerciales, serait annulée puisqu'il suffirait pour cela d'introduire dans le Conseil d'administration de ces sociétés un étranger, ou simplement de faire signer un document social par un individu étranger. Et si on alléguait que lors de la liquidation de la société on pourrait mettre à part la portion revenant aux associés étrangers et la dégager des obligations encourues par les autres associés, il est évident qu'on ne pourrait ni faire cette liquidation, ni encore moins suivre en la faisant les règles légales, sans l'intervention de l'associé mis à part ; et celui-ci invoquant sa qualité d'étranger pourrait demander et obtenir l'intervention de son gouvernement et par là paralyser complètement l'action des autorités.

Il est impossible d'introduire, dans les relations de peuple à peuple, un principe plus dangereux en soi et, juridiquement parlant, moins acceptable ; il est donc du devoir du gouvernement médiateur de faire sur ce principe les plus formelles réserves.

L'honorable avocat de la Colombie avait aussi, dans son mémoire du 21 janvier, demandé à la commission de décider par un jugement interlocutoire, que tout ce qui concernait la confiscation des biens de la Société E. Cerruti et Cie, devait être considéré comme en dehors du débat. Mais à raison des incidents dont il fut l'occasion, ce mémoire ne donna pas lieu à un **jugement** préliminaire sur ce point si important des conclusions et le Président de la commission se contenta de répondre que, « pour le moment il n'était pas convenable de discuter et de trancher les questions préliminaires exposées dans le mémoire, vu qu'elles font partie intégrante du jugement arbitral et leur présentation est jugée inopportune, tant que la demande n'est pas encore connue ». La difficulté n'avait donc été ni résolue, ni même examinée, lorsque la Colombie consentit en 1890 à ce que la demande de M. Cerruti fût reprise par la diplomatie.

Comme la question qui vient d'être signalée fut la seule qui ait donné lieu à une discussion difficile et approfondie, il importe d'exposer les principes de droit international public qui devaient en régir la solution.

Ce problème a été à peine étudié par quelques publicistes. Mais, sur le précédent le plus célèbre, qui remonte à l'année 1865, Wharton nous a conservé tous les passages intéressants de la correspondance échangée à l'occasion (1).

Le steamer *Antioquia*, paquebot-poste, appartenant à la « *Compania Unida de Navigacion por vapor en el Rio Magdalena* », avait été saisi en décembre 1865 sur le fleuve Magdalena et réquisitionné par le gouvernement colombien pour les besoins de la guerre. La société propriétaire du navire était une société anonyme colombienne au capital nominal de 300,000 dollars, dont 160,000 environ appartenaient à des citoyens américains. Les actionnaires américains sollicitèrent l'appui du gouvernement de Washington pour réclamer une indemnité à la Colombie. M. Seward, alors secrétaire d'Etat aux affaires étrangères, adressa à M. Burton, ministre des Etats-Unis en Colombie, une longue note dans laquelle, après avoir, *en fait*, reconnu que le gouvernement colombien avait, en l'espèce, agi conformément au droit, il examinait *en thèse* et d'une manière générale la doctrine de ses compatriotes.

L'association, dit M. Seward, en tant que personne juridique doit être assimilée à un citoyen de Colombie. Si elle a éprouvé un dommage, elle doit en rechercher le redressement de la même manière qu'un particulier colombien aurait à le faire, sans le secours d'aucun gouvernement étranger. Il peut fort bien arriver que des sujets de Grande-Bretagne, de France, de Russie soient actionnaires dans nos banques nationales. Ces personnes peuvent même

----

(1) *Digest of the International Law, Sec* 217.

détenir toutes les actions en dehors de celles que doit posséder le directeur qu'elles choisissent. Doit-on penser que chacune de ces puissances devra intervenir quand leurs sujets estimeront que la banque a été lésée par les actes du gouvernement? Si on le tolérait, supposons que l'Angleterre donnât son consentement à un certain mode de dédommagement, tandis que la France insisterait pour en obtenir un autre, quelle fin pourrait-on apercevoir aux complications possibles ?

On soutient que lorsqu'un citoyen américain va à l'étranger et emploie ses capitaux à fonder une association investie de la personnalité civile, conformément à la loi du pays où l'association poursuit ses affaires — loi d'après laquelle les biens qui composent l'actif social appartiennent à la société seule, le droit des associés n'étant représenté que par des actions négociables à volonté — on soutient, dis-je, que, dans ce cas, les actions du citoyen américain constituent une espèce de propriété qui ne participe pas au caractère national de leur détenteur, et pour tout ce qui concerne les événements qui peuvent affecter la propriété de l'association, l'actionnaire américain n'a pas de prétention fondée à l'intervention de son gouvernement.

Si les actions, par la raison spécifique qu'elles sont la propriété d'un Américain, avaient été soumises à une confiscation injustifiée, alors serait soulevée une question toute différente de celle dont nous nous occupons en ce moment.

Ces paroles du savant secrétaire d'État américain au département des affaires étrangères constituent le plus pénétrant exposé des vrais principes du droit.

Lorsqu'une société jouit de la personnalité civile, les personnes qui la composent disparaissent au point de vue juridique ; la société seule a des droits, seule elle est propriétaire, seule elle est créancière, et si un préjudice illégitime lui est causé, elle ne peut que formuler sa réclamation devant les tribunaux ordinaires du pays : à tous points de vue, sa vie juridique est nettement séparée de celle de ses actionnaires ou associés ; dès lors, la nationalité de ces derniers importe peu.

Ces principes doivent être appliqués en matière administrative comme en toute autre *et il faut prendre garde que leur action est à double détente* : ils ne sont pas seulement une arme aux mains d'un gouvernement pour repousser la plainte individuelle d'un associé qui protesterait contre les abus de pouvoir dont la société aurait été victime, ils sont aussi une arme aux mains d'un associé pour repousser toute condamnation pécuniaire qui serait prononcée contre la société à raison du délit personnel d'un ou de plusieurs associés.

Une société est certainement responsable des fautes et des délits de ses préposés, lorsque ceux-ci ont accompli, dans l'exercice normal de leurs fonctions, un acte répréhensible : il n'est pas douteux, par exemple, qu'une compagnie de navigation doive répondre de l'abordage causé par la négligence d'un de ses capitaines ou d'un fait de concurrence déloyale imputé à son gérant. Mais il est manifeste que ces fautes et ces délits des préposés ou des associés doivent toujours se rattacher à l'exercice des fonctions qui leur avaient été confiées ; autrement, la responsabilité pécuniaire de la société cesse et il serait aussi illégitime de l'admettre dans le second cas qu'il était nécessaire de la consacrer dans le premier. Si le gérant d'une société commet un meurtre ou allume un incendie, s'il complote contre la sûreté de l'État ou pactise avec des insurgés, ces actes pourront donner lieu à des condamnations pécuniaires exécutoires sur le patrimoine personnel et notamment sur les actions ou les parts d'intérêt du délinquant, mais le patrimoine social échappe à toute poursuite.

Ces principes élémentaires sont trop connus pour qu'il soit utile d'insister et déjà le droit romain enseignait que l'action de dol ne peut être donnée contre les municipes, à raison du dol d'un décurion : elle sera donnée contre le décurion lui-même, et « le municipe, dit Ulpien, ne sera soumis à poursuite que s'il s'est enrichi par le dol de son administrateur et dans la mesure de cet enrichissement » (1).

Supposons qu'un gouvernement ait violé ces principes et qu'à cause du crime de complot ou de rébellion imputé à tort ou à raison à un ou à plusieurs des associés d'une société en nom collectif ou à des actionnaires d'une société anonyme, il ait saisi les biens meubles et immeubles de cette société, ce gouvernement sera-t-il au-

____

(1) Digeste, Livre IV, titre III, *de Dolo malo*, fr. 15 §, 1 : *Sed an in municipes de dolo detur actio, dubitatur ? Et puto, ex suo quidam dolo non posse dari : quid enim municipes dolo facere possunt ? sed si quid ad eos pervenit ex dolo eorum qui res eorum administrant puto dandam. De dolo autem decurionum in ipsos decuriones dabitur de dolo actio.*

torisé à soutenir que la société seule est en droit d'inten-
ter une action judiciaire et que toute réclamation individuelle d'un associé doit sans examen être rejetée par
une fin de non recevoir? Evidemment non, autrement
on autoriserait le gouvernement à se prévaloir devant
l'autorité judicaire, pour échapper à la responsabilité
de ses actes, d'une distinction volontairement méconnue
par ses fonctionnaires au moment même où ils com-
mettaient l'abus qui est l'origine de la plainte. Une
action individuelle existe donc, et lorsque l'individu qui
en est investi est étranger il peut, s'il est reconnu innocent du crime dont il est accusé, solliciter le secours
de son gouvernement pour appuyer sa plainte ; la puissance contre laquelle la réclamation est produite ne
pourra rejeter cette intervention en prétendant qu'elle
ne saurait tolérer une immixtion étrangère dans ses
rapports avec ses nationaux.

Si l'on rejetait cette doctrine, un gouvernement qui
voudrait spolier abusivement des étrangers paisibles
résidant sur son territoire aurait un moyen facile d'y
parvenir, lorsque ceux-ci auraient fondé une société
commerciale jouissant de la personnalité civile. Il se
garderait de confisquer les biens personnels des associés et notamment il mettrait un soin scrupuleux à
respecter leur actions ou leur part d'intérêt. Il con-
fisquerait les biens meubles et immeubles de la société
et si les malheureux étrangers faisaient mine d'invoquer
le secours de leur patrie, le gouvernement spoliateur se

redresserait dans son indépendance et dans sa dignité nationale pour repousser une intervention soi-disant illégitime.

Le stratagème serait trop simple : un principe supérieur de droit défend de faire indirectement ce qu'on ne peut faire directement et une réclamation diplomatique sera possible comme elle l'eut été si la confiscation eût atteint les actions ou les parts d'intérêt. Et comme l'indemnité ne peut être fixée équitablement qu'après un examen attentif de la situation financière de la société, l'agent diplomatique de la nation dont relève l'étranger lésé aura le droit de surveiller les diverses opérations, relèvement des écritures, évaluation des marchandises, appréciation de la solvabilité des débiteurs, etc., qui sont nécessaires pour établir le bilan (1).

Mais *ce n'est que dans l'intérêt de l'associé étranger et en cas de déni de justice que cet examen des affaires sociales est placé sous la surveillance de l'agent diplomatique :* celui-ci devra donc se borner scrupuleusement à la défense des droits de son compatriote ; il n'est pas chargé de soutenir les intérêts des autres associés, ni même ceux de la société, et s'il usurpait ce rôle, son immixtion serait certainement illégitime. Il ne pourrait davantage insister pour que les créanciers de la so-

---

(1) Il y a tant de manières de dresser un inventaire que ce contrôle est indispensable si l'on veut que les droits qui viennent d'être reconnus reçoivent une consécration pratique.

ciété fussent payés, ni recourir à la pression diplomatique pour contraindre les débiteurs de la société à s'acquitter de leurs dettes : toute intervention de cette nature
lui est interdite ; il a été tenu compte de ces créances et
de ces dettes dans *le calcul* de la part de l'associé in-
justement frappé, mais on ne doit pas aller au-delà.

Toutes ces règles, qui paraissent incontestables, prou-
vent qu'il n'est pas impossible de discerner deux choses
qui, pour être connexes, ne sont pourtant point insépa-
rables. N'est-il pas permis d'affirmer que, si les principes
sur lesquels elles s'appuient avaient été mieux appréciés
par toutes les personnes (avocats, agents diplomatiques
ou ministres des affaires étrangères) qui, pendant quatorze ans, discutèrent la question Cerruti, bien des difficultés eussent été aplanies, bien des conflits évités ?

M. Galindo ignorait certainement ces principes, lorsqu'il déposait devant la Commission de Bogota les conclusions qui ont été rapportées et les diplomates qui,
après l'échec de la Commission de Bogota, poursuivirent
à Rome avec tant de bonne volonté et de loyauté le ré-
glement de la réclamation Cerruti, ne parvinrent pas
sans peine à les dégager (1). Au début l'Italie persistait,
comme cela se conçoit, à demander réparation de tous les

---

(1) Le 31 mars 1891, les deux gouvernements étaient d'accord sur
tous les points sauf sur celui-là et le général Posada envoya même
à M. Damiani un projet de protocole : le désaccord qui régnait sur
ce point empêcha seul la signature de cette convention.

dommages éprouvés par M. Cerruti et la Colombie était non moins ferme, et cela aussi est naturel, à affirmer que les réclamations de la société E. Cerruti et Cie ne pouvaient concerner le gouvernement italien. Les diplomates invoquaient chacun de leur côté des principes justes et contradictoires et, faute d'apercevoir le terme de conciliation, les négociations ne progressaient pas.

Le 23 février 1891, une étape importante fut franchie : le général Posada proposa de confier à une commission arbitrale le soin de déterminer, par l'examen des livres de commerce, la valeur de la part de M. Cerruti dans la société E. Cerruti et Cie.

Sur la base de l'intérêt de M. Cerruti, dans l'actif de la société E. Cerruti et Cie, calculée de la manière indiquée, la légation de Colombie s'engageait à payer une équitable indemnité à M. Cerruti ; cet arrangement ne pouvait manquer de donner pleine satisfaction au gouvernement italien (1).

Cette note du général Posada fait le plus grand honneur à la perspicacité de son auteur et le fin diplomate attestait encore qu'il était un excellent jurisconsulte, lorsqu'il

---

(1) Le ministre plénipotentiaire colombien demandait que Cerruti produisît le bilan de la maison Cerruti et Cie au 31 décembre 1884, date qui avait précédé de 20 jours l'explosion de la révolution au Cauca. Une commission de 3 à 5 notables négociants de Rome, appartenant à des nationalités diverses, procéderait dans la forme commerciale à la liquidation *théorique* de la société, afin d'établir d'après le bilan et le contrat d'association la part sociale nette de M. Cerruti. La proposition n'eut pas de suite, parce que M. Cerruti

écrivait ; « je ne vois pour ma part aucune impossibilité, ni même aucune difficulté à distinguer le droit personnel du sujet italien Ernesto Cerruti dans la société, et la propriété de la société colombienne qui porte son nom ; cette distinction s'établit en Colombie, comme en Italie, comme partout, au moyen d'une liquidation ».

Mais ces propositions ne furent pas étudiées comme elles le méritaient ; M. Cerruti, persévérant dans sa tactique, leur était défavorable et surtout le gouvernement colombien poursuivait à Bogota des négociations dans lesquelles il s'inspirait de pensées diamétralement opposées (1).

---

répondit qu'il ne pouvait fournir cette balance d'inventaire, vu que les livres de la société avaient été séquestrés par la Colombie. Cette réponse était une défaite, car ces comptes étaient à la disposition de M. Cerruti, ainsi qu'on le verra plus loin. — *Official Publication*, p. 534 et 537.

(1) Le gouvernement colombien poursuivait en effet à Bogota avec le représentant de l'Italie des négociations parallèles et dans lesquelles il s'efforçait de faire prévaloir des idées toutes différentes de celles qui étaient préconisées par le distingué général Posada.

Pendant l'année 1892 il avait fait voter par le congrès une loi spéciale autorisant la Cour suprême « à se prononcer, en jugement ordinaire de premier et dernier ressort, sur les réclamations présentées contre le gouvernement colombien par Ernesto Cerruti en sa qualité de citoyen étranger, ou comme gérant de la société colombienne E. Cerruti et Cie ».

M. Cerruti, comme il était naturel, s'était gardé de se présenter devant cette juridiction.

L'année suivante, M. Suarez, ministre des affaires étrangères, signa *ad referendum* avec le chevalier Pisani Dossi, ministre résident d'Italie en Colombie, une convention aux termes de laquelle l'indemnité qui pouvait être due à M. Cerruti à raison du préjudice direct éprouvé par lui serait fixée par la voie diplomatique ; au

La confusion était toujours aussi inextricable. Enfin les deux gouvernements, désespérant de s'entendre, adoptèrent le seul parti convenable : puisqu'il fallait recourir à une commission ou à un tribunal arbitral pour fixer l'étendue des dommages-intérêts dus à Cerruti par la Colombie, pourquoi ne poserait-on pas en même temps à l'arbitre la question de savoir quelles étaient, parmi les demandes de Cerruti, celles qui pouvaient donner lieu à l'examen d'un tribunal international ?

Cette proposition fut acceptée et après quatre années de négociations infructueuses, le protocole de Castellamare fut signé le 18 août 1894 (1).

____

contraire les dommages soufferts par la société E. Cerruti et Cie seraient appréciés par les tribunaux colombiens.

Mais cette convention ne fut pas ratifiée car elle paraissait inacceptable aux diplomates italiens et « renseignements pris, il fut démontré que, certainement, le sieur Cerruti ne se prêterait en aucune façon à ce que cette convention pût recevoir une application pratique ». (Lettre de M. Brin, ministre des affaires étrangères d'Italie à M. Hurtado, 24 juillet 1893, *Official Publication*, p. 528.

(1) Il importe de ne pas oublier que l'affaire Cerruti n'était soumise à un tribunal international qu'à raison des circonstances spéciales qui en étaient venues compliquer l'examen. L'Italie d'ailleurs reconnaissait à cette époque que les étrangers ne sont en principe autorisés à solliciter l'appui de leur gouvernement qu'après l'épuisement des voies ordinaires de recours contre l'abus dont ils se plaignent. Le 27 octobre 1892, elle avait en effet signé avec la Colombie un traité de commerce et d'amitié dont l'article 21 est ainsi conçu :

« Les deux parties contractantes, désireuses d'éviter des discussions qui pourraient altérer leurs rapports d'amitié, conviennent que, relativement aux réclamations ou querelles d'individus privés relevant de la juridiction pénale, civile ou administrative, leurs agents diplomatiques s'abstiendront d'intervenir, sauf dans les cas

Ce protocole décidait que les deux parties s'engageaient à demander à Son Excellence le Président des Etats-Unis d'Amérique de bien vouloir accepter la fonction d'arbitre dans le présent litige.

Aussitôt que l'arbitre aura accepté la fonction qui lui est offerte, il sera investi des pleins pouvoirs, autorité et juridiction pour faire faire ou faire accomplir, sans aucune restriction, tous actes qui, suivant son appréciation, sont nécessaires ou utiles pour conduire d'une manière équitable et honnête, aux résultats que, par cet accord, on se propose d'obtenir.

L'arbitre s'appuyant sur les preuves et les documents présentés par chacun des deux gouvernements ou par le réclamant lui-même comme étant une des parties intéressées dans l'instance et s'inspirant des principes du droit public, procédera à l'examen et à la résolution des points suivants : En premier lieu, y a-t-il, parmi lesdites réclamations de M. E. Cerruti contre le gouvernement colombien, des réclamations qui sont de la compétence d'un tribunal international et quelles sont-elles ? En second lieu, y a-t-il, parmi lesdites réclamations de M. E. Cerruti contre le gouvernement colombien, des réclamations qui sont de la compétence des tribunaux territoriaux de la Colombie et quelles sont-elles ?

En ce qui concerne la ou les réclamations, dans le cas où il y en aurait. qui, suivant l'opinion de l'arbitre, devraient être rangées dans la première catégorie visée plus haut, l'arbitre aura mission de déterminer le montant de l'indemnité qui pourrait être due à raison de ces réclamations ; cette indemnité sera à la charge

---

où il s'agirait de déni de justice, de retard extraordinaire ou illégal pour rendre justice, de manque d'exécution d'une sentence définitive, ou encore s'il existait une violation expresse des pactes existant entre les parties ou des règles du droit international, tant public que privé, généralement reconnues par les nations civilisées.»

du gouvernement colombien, qui en fera parvenir le montant, par voie diplomatique, aux mains de M. Cerruti. Et, en ce qui concerne la ou les réclamations de M. E. Cerruti, dans le cas où il y en aurait qui, suivant l'opinion de l'arbitre, devraient être rangées dans la deuxième catégorie visée plus haut, l'arbitre déclarera quelles elles sont et ultérieurement ne se mêlera en rien du fond de telle ou telle réclamation.

Les deux gouvernements s'engagent solennellement à se conformer à la décision et à la sentence de l'arbitre; « ces décisions et sentences seront définitives, et en dernier ressort et ne pourront être l'objet d'aucune discussion ni d'aucun appel ».

En outre, « ils conviennent de ne pas ouvrir à nouveau une discussion ou une négociation quelconque sur l'un quelconque des points que l'arbitre viendrait à décider ou trancher ou que cet arbitre déclarerait avoir été déjà tranchés conformément au droit international public, ni sur aucune des réclamations du sieur E. Cerruti que l'arbitre déclarerait avoir un caractère interne et territorial ».

Ce compromis de Castellamare allait-il enfin conduire au règlement de la question Cerruti? Les diplomates qui le signèrent en avaient certainement l'espoir et ils avaient pris soin de poser les questions avec une telle clarté que toute difficulté sur l'étendue des pouvoirs de l'arbitre semblait impossible.

Pourtant il semble permis de dire que le choix de l'arbitre n'avait peut-être pas été fait de la manière la plus heureuse. L'auteur de ce mémoire n'est pas suspect d'hostilité aux États-Unis d'Amérique : il a maintes fois affirmé — et il ne lui en coûte pas de le répéter ici — que *ce grand et admirable peuple* était le plus avancé dans l'évolution économique et sociale moderne et que, sous certaines réserves faciles à faire pour tout esprit clairvoyant, ce pays frayait la voie dans laquelle les décrets providentiels avaient décidé d'engager les sociétés contemporaines.

Mais ce n'est pas méconnaître cette incontestable supériorité que de dire que les Américains, conduits par les circonstances à consacrer tous leurs efforts — et avec quel succès ! — à la mise en valeur de leur territoire, n'ont pas eu encore l'occasion, ni le temps de pousser aussi loin que d'autres peuples l'étude des questions qui sont du domaine de l'abstraction pure, ni de développer aussi pleinement les qualités intellectuelles que cette étude suppose. Quand on sait à quels excès conduit trop souvent chez les peuples latins l'abus de l'esprit théoricien, on peut se demander s'il faut regretter cette prétendue lacune. Il semble pourtant qu'il y avait lieu de tenir compte de ces considérations et du caractère spécial de l'esprit américain, non point certes s'il s'était agi de choisir comme arbitre un des illustres professeurs qui enseignent avec tant d'autorité le droit international public dans les chaires de plusieurs universités américaines, mais pour un choix aussi impersonnel que celui d'un chef d'État, peu qualifié peut-être pour résoudre les délicates questions juridiques que posait le protocole de Castellamare (1).

Si on tient compte de ce que ce compromis laissait dans l'ombre une question spéciale qui devait fatalement surgir, accessoirement à celle du montant de l'indemnité, on comprend mieux comment la sentence de M. Grover Cleveland, loin de trancher le conflit, ait au contraire donné plus d'acuité à la lutte et mis les deux gouvernements à la veille d'une guerre.

Malheureusement, la ligne de conduite que l'avocat de la Colombie devant le tribunal arbitral de Washington, M. Calderon Carlisle, crut devoir adopter, ne devait pas contribuer à éclairer le juge et ne servit au contraire qu'à compromettre les intérêts qu'il avait mission de défendre. On peut ramener aux deux conclusions suivantes toute la doctrine juridique qui se dégage du consciencieux mémoire de l'honorable avocat :

D'abord, disait-il, les réclamations de M. Cerruti, qui pouvaient faire la matière d'une décision internationale, ont déjà fait l'objet d'un jugement, puisque la faute seule de ce sujet italien a empêché la commission de Bogota de statuer.

En second lieu, alors même que l'on n'admettrait pas cette pre-

____

(1) Il n'est que juste d'ailleurs d'ajouter que l'Italie, en acceptant l'arbitrage du président Cleveland, donnait un éclatant témoignage de son esprit de conciliation. La doctrine de Monroë est toujours vivante aux États-Unis, et on sait que le gouvernement de Washington, quel que soit le mobile auquel il obéisse, apporte à la défense des droits des républiques américaines une vigilance toute spéciale.

mière conclusion, M. Cerruti ne peut soumettre actuellement aucune demande à l'examen d'une juridiction internationale, car il a déjà reçu 10,000 livres sterling (1) qui représentent bien plus que la valeur des meubles meublants confisqués ou détériorés. Quant à la réclamation de M. Cerruti, fondée sur le dommage que lui avait causé la confiscation des biens de la Société E. Cerruti et Cⁱᵉ, ce chef de demande ne peut être examiné par l'arbitre international, il est certainement réservé à la connaissance exclusive des tribunaux colombiens.

On aperçoit combien il était difficile de faire prévaloir ces deux conclusions. La première eut pu être soutenue cinq ans plus tôt, et en fait elle le fut pendant quelque temps par le gouvernement colombien. Mais n'était-il pas évident que la Colombie avait bientôt renoncé à ce terrain de défense. Il fut facile aux illustres avocats qui défendirent à Washington la cause de M. Cerruti, Mᵉˢ Frédéric Coudert et Mallet Prévost, de citer maintes correspondances diplomatiques qui attestaient que la Colombie avait consenti à discuter de nouveau la question Cerruti; du reste, la signature même du protocole de Castellamare n'était-elle pas une preuve que, si les deux parties ne s'entendaient pas sur l'étendue des réclamations de M. Cerruti à soumettre à un arbitrage, du moins elles convenaient que *certaines*

---

(1) Au cours des négociations diplomatiques engagées à Rome en 1890, la Colombie avait en effet versé 10,000 livres sterling, à valoir sur l'indemnité qui pouvait être due à M. Cerruti.

de ses réclamations devaient faire la matière de cet arbitrage.

La seconde conclusion de l'avocat de la Colombie était aussi malaisée à défendre. Sans doute, la Colombie n'avait pas encore admis complètement la distinction, plusieurs fois affirmée par l'Italie, entre les affaires de la société colombienne E. Cerruti et Cie et l'intérêt de M. E. Cerruti, sujet italien, dans cette société, mais un tacticien habile devait-il faire tous ses efforts pour maintenir l'antique confusion?

Déjà le médiateur espagnol avait indiqué que Cerruti personnellement était fondé à se plaindre de la confiscation des biens de la Société E. Cerruti et Cie; le gouvernement colombien avait, dans plusieurs notes, montré qu'il n'était pas très loin d'adopter cette doctrine, formellement acceptée par un de ses meilleurs diplomates, le général Posada, et lorsque, à maintes reprises, la Colombie voulut restituer les biens de la Société E. Cerruti et Cie, elle signifia toujours ses offres à M. Cerruti, chose naturelle d'ailleurs, puisque la confiscation n'avait eu d'autre cause que les délits reprochés à ce sujet italien. Dans ces conditions, pouvait-on espérer faire accepter par l'arbitre une doctrine déjà condamnée?

Les honorables avocats de M. Cerruti invoquèrent de nombreux arguments de fait et de droit pour démontrer l'erreur de leur adversaire. Avec une grande correction juridique, ils limitèrent la demande de leur client à la valeur de sa propriété prétendue de Salento et de la part d'intérêt de M. Cerruti dans la société (1), ils indiquèrent que si l'examen des comptes de la société E. Cerruti et Cie était nécessaire pour connaître l'étendue de la réclamation internationale de M. Cerruti, du moins cet examen était un simple acte de procédure « et aucune réclamation n'était ici présentée au nom des autres associés, ni même au nom des créanciers, *si ce n'est en tant que l'extinction de ces dettes sociales était nécessaire pour que M. Cerruti pût recevoir et garder la somme représentant sa part dans l'actif net de la maison* » (2).

L'indemnité réclamée au nom de M. Cerruti s'élevait au chiffre de 289,998 livres sterling, soit à plus de 7,250,000 francs (3).

---

(1) On se rappelle que d'après l'acte de Société de 1879 cette part était de 30 pour 0/0.

(2) *Statement of case and brief on behalf of Ernesto Cerruti,* p. 121.

(3) Cette somme de 289,998 livres sterling se décomposait ainsi :

a) Dommage direct à la personne, emprisonnement, privations . . . . 60.000 livres

b) Honoraires des avocats 30.400

c) Immeuble de Salento, mobilier et cheptel . . 38.710

d) Profits espérés de la propriété de Salento, de 1885 à 1894 . . . . 82.788

e) Apport et 30 0/0 de l'actif net de la Société E. Cerruti et Cie 51.074

f) 30 0/0 de la valeur commerciale du fonds de commerce E. Cerruti et Cie, calculée en multipliant par 5 les profits annuels. 23.084

g) Divers 3.942

Total. . . . . 289.998 livres

Les paragraphes *c e f* représentent seuls la valeur du patri-

Tels furent, en résumé, les deux mémoires présentés au nom des plaideurs.

---

moine de M. Cerruti en 1885, et si l'on écarte les autres paragraphes, le chiffre de 289,998 livres tombe à 112,868. Et encore cette dernière somme était fort exagérée : ainsi l'apport de M. Cerruti et sa part de 30 0/0 dans la société E. Cerruti et Cie (paragraphe *e*) ne s'élevaient, d'après le calcul même de ses honorables avocats, qu'à 24,374 livres sterling ; mais on y ajoutait les intérêts composés de cette somme à 7 0/0 l'an, calculés et crédités tous les 6 mois depuis le 12 février 1885 jusqu'au 12 novembre 1895, ci..... 26,700 livres et grâce à cette augmentation de plus de 100 0/0, on arrivait au chiffre de 51,074 livres sterling. — Il conviendrait aussi de faire toutes réserves au sujet du paragraphe *c*, car l'immeuble de Salento n'était pas la propriété personnelle de M. Cerruti ; il appartenait à la maison E. Cerruti et Cie, mais, en dépit de toutes les preuves, M. Cerruti a toujours persisté à soutenir que cet immeuble était sa propriété exclusive.

IV

Le 2 mars 1897, c'est-à-dire — il faut noter avec soin cette circonstance — quarante huit heures avant l'expiration de ses pouvoirs présidentiels. M. Grover Cleveland rendit sa sentence arbitrale, dans laquelle il repoussait les conclusions de la Colombie et allouait à M. Ernesto Cerruti une indemnité de 60,000 livres sterling.

Voici le texte intégral de ce jugement :

Le protocole signé le 18 août 1894 entre le gouvernement d'Italie et la république de Colombie était conclu dans le dessein de faire disparaître les causes de désaccord existant entre les deux gouvernements et provenant des réclamations du sieur Ernest Cerruti contre le gouvernement de la Colombie pour pertes et dommages causés à sa propriété dans l'État (aujourd'hui département) du Cauca en ladite république, durant les troubles politiques de 1885 ; il avait aussi pour but d'arriver à un juste règlement desdites réclamations. Aux termes de ce protocole, chaque gouvernement convint de soumettre à un arbitrage les questions et réclamations ci-dessus mentionnées, afin de faire prévaloir un règlement équitable pour les deux États, et ceux-ci s'unirent pour me demander à moi, Grover Cleveland, président des États-Unis d'Amérique, d'accepter la charge d'arbitre dans ce cas et de remplir les devoirs en dérivant, comme acte d'amitié envers les deux gouvernements, *me revêtant de pleins pouvoirs, autorité et juridiction pour faire et exécuter, ou pour ordonner qu'il soit fait ou exécuté sans limite d'aucune sorte, tout ce qui peut à mon jugement être nécessaire et peut conduire à atteindre, d'une façon juste et équitable, les fins et le but que cet accord a pour objet d'assurer.*

Conformément aux termes dudit protocole, les deux gouvernements et le réclamant, le *sieur Ernest Cerruti, comme une des parties intéressées au jugement,* m'ont soumis, dans les délais fixés audit protocole, les documents et preuves à l'appui des droits respectifs qu'ils soutenaient.

Or, donc, je fais savoir que moi, Grover Cleveland, président des États-Unis d'Amérique, à qui les fonctions d'arbitre ont été conférées comme il a été dit ci-dessus, après avoir dûment examiné les documents et preuves fournis respectivement par les parties, conformément aux dispositions du protocole, et pris en considération les arguments qui m'ont été exposés à ce sujet, *je décide et j'adjuge* par les présentes :

1º Que les réclamations formulées par le *sieur Ernest Cerruti,* contre la République de Colombie pour pertes et dommages causés à la *propriété réelle et individuelle qu'il possédait personnellement* dans ledit état du Cauca, et que les réclamations dudit *sieur Ernest Cerruti* pour préjudice souffert *par lui* à raison des pertes et dommages causés à son intérêt dans la société E. Cerruti et Cie, sont des réclamations légitimes de caractère international ;

2º Que la réclamation soumise par le *sieur Ernest Cerruti* pour dommages personnels résultant de son arrestation, emprisonnement, séparation forcée de sa famille, souffrances et privations supportées par lui et par sa famille est rejetée par moi. *En conséquence, je ne prononce pas de sentence au sujet de cette réclamation ;*

3° La réclamation du sieur Cerruti pour sommes dépensées et obligations contractées à raison des frais que la poursuite de cette réclamation a rendus nécessaires, y compris les débats anciens et le présent, est rejetée par moi ;

4° J'adjuge pour pertes et dommages causés à la propriété individuelle du sieur Ernest Cerruti, dans l'État de Cauca, et à sa part dans la société E. Cerruti et Cie, dont il était membre, y compris les intérêts, la somme nette de soixante mille livres sterling. De ladite somme, dix mille livres ayant été payées, le gouvernement de la République de Colombie payera, en outre, au gouvernement du royaume d'Italie, aux profit et usage du sieur Ernest Cerruti, dix mille livres sterling dans les soixante jours de la date des présentes, et le reste, soit quarante mille livres, dans les neuf mois des présentes avec intérêt au taux de 6 0/0 par an à partir de la date de cette sentence jusqu'au payement. Les deux payements s'effectueront par traites payables à Londres (Angleterre), au change de Bogota, à la date du payement ;

5° Persuadé que le sieur Ernest Cerruti, dans ses rapports avec le gouvernement de Colombie qui, comme il appert, a détruit par ses actes les moyens dudit sieur d'acquitter les dettes de la société E. Cerruti et Cie dont il pourrait être personnellement responsable, a droit de jouir et d'être garanti de la somme nette qui lui est adjugée par les présentes ; en vertu du protocole qui me revêt de pleins pouvoirs, autorité et juridiction pour faire et exécuter, ou pour ordonner qu'il soit fait et exécuté, sans limite d'aucune sorte, tout ce qui peut, à mon jugement, être nécessaire ou conduire à atteindre, d'une façon juste et équitable, les fins et le but que le protocole a pour objet d'assurer, je décide et j'adjuge au gouvernement de la République de Colombie tous les droits légaux et équitables dudit à et sur toute propriété réelle, personnelle et indivise dans le département de Cauca et dont il a été question au cours de cette affaire ; et, en outre, j'adjuge et décide que le gouvernement de la République de Colombie devra garantir et protéger le sieur Ernest Cerruti contre toute responsabilité relative aux dettes de ladite Société. Ce gouvernement devra aussi rembourser au sieur Cerruti les sommes que celui-ci pourrait être obligé de payer à raison de ces dettes *bona fide*, après toutes défenses complètes qui pourraient et devraient avoir été faites, et cette garantie et ce remboursement s'étendront à toutes les dépenses nécessaires pour contester légitimement lesdites dettes sociales (1).

En foi de quoi j'ai signé les présentes et ordonné que le sceau des Etats-Unis y fût apposé. Donné en double à Washington le second jour de mars de l'année mil huit cent quatre-vingt-dix-sept, cent vingt-et-unième de l'indépendance des États-Unis.

Avant de faire le récit des pénibles incidents dont cette sentence arbitrale fut l'origine, il importe de présenter sur elle diverses observations.

On est d'abord surpris en la lisant de constater que M. Grover Cleveland ne donne nulle part les raisons des cinq décisions qu'il formule. *Sa sentence n'est pas motivée.* Il est difficile de déterminer la cause de cette absence de motifs. M. Grover Cleveland, pressé par le

---

(1) Vu l'importance de ce texte, il est utile d'en reproduire l'original : « And I further adjuge and decide that the Government of the Republic of Colombia shall guarantee and protect Signor Ernesto Cerruti against any and all liability on account of the debts of the said copartnership and shall reimburse Signor Ernesto Cerruti to the extent that he may be compelled to pay such bona fide copartnership debts duly established against all proper defences which could and ought to have been made, and such guaranty and reimbursement shall include all necessary expenses for properly contesting such partnership debts. »

temps (1), n'eût-il pas le loisir d'exposer les raisons qui l'avaient déterminé? ou bien pensa-t-il que « les pleins pouvoirs autorité et juridiction » dont le protocole de Castellamare l'avait revêtu le dispensait de cette tâche : quoi qu'il en soit la sentence présente sur ce point une lacune très regrettable.

Toutes les législations internes imposent aux magistrats l'obligation rigoureuse de motiver leur sentence

---

(1) Le protocole de Castellamare avait nommé arbitre non pas M. Grover Cleveland individuellement, mais son Excellence le Président des Etats-Unis d'Amérique ; il suit que les pouvoirs juridictionnels de M. Cleveland dans le conflit italo-colombien expiraient avec ses pouvoirs présidentiels.

Si M. Cleveland n'avait pas rendu sa sentence avant le 4 mars 1897. M. Mac Kinley eût été de plein droit substitué à l'ex-président dans ses fonctions arbitrales. On décide en effet généralement que si un souverain ou le président d'une République « a été choisi comme arbitre en tant que chef d'Etat, on doit présumer que le mandat s'adressait indistinctement à la personne qui serait à la tête de l'Etat, au moment où il faudrait le remplir ». (Mérignhac, op. cit., § 214). La pratique est aussi en ce sens. Lors du décès d'Alphonse XII, roi d'Espagne, la reine régente devint arbitre dans le conflit entre la Colombie et le Venézuela et cette année même. M. Emile Loubet, président de la République française, a hérité de plein droit des fonctions arbitrales que la Colombie et le Costa Rica avaient confiées au président Félix Faure.

Les inconvénients de la substitution d'un nouvel arbitre sont si graves, surtout lorsque l'affaire a été instruite et les mémoires des avocats déposés, que l'on conçoit que les présidents de République, arrivant à la limite de leur mandat, fassent tous leurs efforts pour l'éviter : mais on arriverait au même résultat, si les gouvernements déclaraient dans le compromis que le président de la République conserverait ses fonctions arbitrales, même après le terme de ses pouvoirs présidentiels. Cette solution, il est vrai, ne serait pas non plus toujours sans inconvénients.

et il n'est personne qui n'approuve la sagesse de la cour de cassation française qui, chaque année, casse pour défaut de motifs un si grand nombre de jugements et d'arrêts. Les raisons de cette exigence sont apparentes : elle excite le juge à analyser les circonstances de fait et les principes de droit sur lesquels il fonde sa décision et par là elle accroit les garanties des plaideurs ; elle donne aussi plus de poids à la sentence, puisque les plaideurs et les tiers peuvent aisément en vérifier le bien fondé. Comme le dit excellemment M. Pierantoni, jurisconsulte italien, dans la critique si vive qu'il a faite du jugement arbitral de M. Cleveland (1), « la justice est lumière et vérité. Il faut qu'elle se montre sous une forme sensible ; il faut que le juge justifie son jugement, qui est une opération de l'âme, un acte de recherche par lequel, après avoir entendu les parties, précisé et posé les questions, vérifié les faits, il décide, indiquant les règles de droit qui ont déterminé son jugement. Les motifs en fait et en droit, s'ils sont une garantie exigée par la loi de procédure, sont un besoin de la société internationale ».

Effectivement, si la présence des motifs est tellement nécessaire dans les décisions qui tranchent les procès entre simples citoyens, comment croire qu'elle le soit

---

(1) *La nullité d'un arbitrage international*, par M. Auguste Pierantoni, sénateur du royaume d'Italie, membre de l'Institut de Droit international, *Revue de Droit international et de législation comparée*, 1898, t. XXX.

moins lorsqu'il s'agit de mettre fin aux litiges entre les nations et d'éviter aux peuples le fléau de la guerre? Aussi l'article 25 du *Règlement pour la Procédure arbitrale internationale* établi par l'*Institut de Droit international* dispose-t-il que « la sentence arbitrale doit être rédigée par écrit et contenir un exposé des motifs, sauf dispense stipulée par le compromis ».

En droit privé, les jugements sont encore soumis à cassation, lorsque le juge n'a pas statué sur tous les chefs des conclusions présentées par les parties. On aperçoit facilement les raisons qui ont fait admettre ce motif de cassation. Le juge, en omettant de répondre à toutes les questions que les plaideurs lui ont posées, pourrait trop facilement présenter le débat sous une apparence inexacte, et alors même que cette omission serait involontaire, il y aurait tout au moins lieu de craindre que le magistrat n'ait pas envisagé la question sous toutes ses faces.

Cette obligation de statuer sur tous les moyens présentés par les plaideurs doit être plus rigoureuse encore pour le juge international, puisque celui-ci ne tient pas ses pouvoirs des dispositions générales des lois, mais de la libre convention de deux Etats souverains et indépendants qui ont consenti à lui soumettre leurs prétentions. On s'étonne donc que M. Cleveland, à qui étaient posées deux questions précises (la première : Y a-t-il parmi les réclamations de M. Cerruti, une ou plusieurs réclamations qui soient de la compétence d'un tribunal international; la seconde : Y a-t-il parmi les réclamations de M. Cerruti, une ou plusieurs réclamations qui soient de la compétence des tribunaux de la Colombie), ait cru pouvoir ne répondre qu'à la première question et qu'il ait totalement omis de répondre à la seconde. Cette deuxième réponse aurait pourtant présenté, comme on va le voir, un intérêt considérable.

Sans s'arrêter aux autres observations d'ordre général qui pourraient être faites sur la décision du 2 mars 1897, il convient d'examiner la partie de cette décision qui souleva les ardentes et persistantes protestations de la Colombie jusqu'à la date de l'envoi d'une escadre italienne sur les côtes de cette république Sud américaine.

Les quatre premiers paragraphes de la sentence arbitrale n'ont jamais soulevé aucune récrimination de la part de la Colombie. On ne saurait trop insister sur ce que cette puissance ne contesta jamais qu'elle devait une indemnité à M. Cerruti, et pour bien manifester son intention sur ce point, elle avait accepté, *quatre ans avant* la signature du protocole de Castellamare, de verser en à-compte une première somme de 10,000 livres sterling : elle demandait seulement que cette indemnité fût équitablement fixée, et surtout que l'appui diplomatique du gouvernement italien ne fût jamais donné aux réclamations d'une société de nationalité colombienne, la société E. Cerruti et C⁰. Aux deux termes fixés par l'arbitre, la Colombie paya régulièrement, et avec les intérêts de droit, la somme de 50,000 livres sterling, en plus des 10,000 livres antérieurement versés (1).

Au contraire, la décision contenue dans le paragraphe cinquième a été attaquée par la Colombie avec une extrême vivacité. Ce paragraphe contient deux dispositions : d'une part il adjuge à la Colombie « les droits de M. Cerruti sur toute propriété réelle, personnelle et indivise dans le département de Cauca », d'autre part il décide que la Colombie devra garantir M. Cerruti contre toute responsabilité à l'égard des créanciers de la société E. Cerruti et Cⁱᵉ, « parce que M. Cerruti a droit de jouir et d'être garanti de la somme nette qui lui est adjugée par les présentes ».

Aucun principe de droit ne peut certainement être invoqué à l'appui de la première décision et il semble que, jamais jusqu'ici, les annales de la jurisprudence

(1) La Colombie affirme que cette indemnité de 60,000 livres sterling est très exagérée. — Une fois de plus, on peut constater ici combien il est regrettable que M. Cleveland n'ait pas cru devoir motiver sa décision : une indemnité de 60,000 livres sterling est allouée, mais puisque les demandes fondées sur le préjudice moral et les frais de procédure précédentes sont expressément écartées, on ne voit pas comment l'illustre arbitre est parvenu à fixer ce chiffre de 60,000 livres. Si l'immeuble de Salento faisait partie du patrimoine social, comme tous les titres de propriété l'attestent, la fortune personnelle de M. Cerruti, en dehors de son intérêt dans la société E. Cerruti et Cie, devait être très modeste ; d'autre part, il n'est pas du tout démontré que la société E. Cerruti et Cie fût solvable (*Vide infra* l'appendice). Dès lors, l'indemnité de 1,500,000 francs peut paraître injustifiée, et il eût été bon d'en montrer la légitimité.

n'avaient fourni l'exemple d'un plaideur obligé d'acheter malgré lui la propriété immobilière et mobilière de son adversaire, sous prétexte qu'il l'a détériorée de quelque façon.

Sans doute, les honorables avocats de M. Cerruti s'étaient efforcés de démontrer que leur client ne pouvait plus retourner en Colombie où sa personne et ses biens n'étaient pas en sécurité et que par suite il lui était impossible d'accepter aucune restitution en nature ; d'ailleurs, ajoutèrent MM. Coudert et Mallet-Prévost « la restitution des ruines des anciennes propriétés de M. Cerruti serait une comédie de justice ! autant vaudrait donner à M. Cerruti une terre dans la lune (1) ». Mais ces arguments sont dénués de toute valeur juridique : puisque le juge accordait en même temps une indemnité pécuniaire, celle-ci pouvait être fixée à un chiffre tel que M. Cerruti ne subît aucune perte : l'arbitre avait ici pleins pouvoirs et il devait en faire usage ; mais l'adjudication prononcée, bien qu'elle ait répondu au désir le plus ardent de M. Cerruti (2) était certainement illégale (3).

L'irrégularité de cette première solution est pourtant

---

(1) Mémoire déposé au nom de M. Cerruti par MM. Frédéric Coudert et Mallet Prévost, p. 125.

(2) *Vide supra.* p. 39.

(3) Ainsi la sentence du 2 mars 1897, déjà entachée de nullité à raison de ses lacunes est encore nulle « pour excès de pouvoir et erreur essentielle ». (Art. 25 du règlement pour la procédure arbitrale internationale.)

de peu d'importance théorique et pratique et le gouvernement colombien s'est borné à la signaler. Au contraire la seconde décision du paragraphe V, relative au paiement des dettes de la société E. Cerruti et Cⁱᵉ, a été considérée par la Colombie comme attentatoire à ses droits souverains et à son indépendance et cette république a tenu à déclarer qu'elle ne faisait, en l'exécutant, que céder à la force.

Avant d'examiner la valeur juridique de la solution admise par M. Cleveland, il importe d'exposer les données du problème que l'illustre arbitre avait à résoudre. Pour la clarté de l'exposition adoptons des chiffres ; supposons, en prenant pour base la solution même de la sentence, qu'au 31 décembre 1884 la fortune totale de M. Cerruti fût égale à 60,000 livres sterling dont 30,000 livres seraient représentées par divers immeubles, des meubles meublants et des créances diverses : les 30,000 autres représenteraient la valeur de la part d'intérêt de M. Cerruti dans l'actif net de la société E. Cerruti et Cⁱᵉ. Supposons encore que cette société fût solvable (1) et qu'elle eût par exemple un actif de deux millions et demi et un passif de 1,500,000 francs. Lorsqu'on lit attentivement le paragraphe 5 de la sentence, on aperçoit la grave difficulté qui a préoccupé

---

(1) Ceci résulte encore du paragraphe 4 de la sentence : l'arbitre alloue à M. Cerruti une indemnité pour le dommage « causé à sa part dans la société E. Cerruti et Cⁱᵉ » ; c'est donc qu'il considère que cette société était solvable.

l'arbitre; si en effet les abus de pouvoir de 1885 n'avaient pas été commis, M. Cerruti serait resté en possession d'une fortune de 60,000 livres sterling. Les créanciers sociaux eussent été payés par la société comme cela se pratiquait tous les jours, et, par suite, bien que M. Cerruti, en sa qualité de commandité, *fût solidairement responsable de toutes les dettes sociales*, cette responsabilité toute théorique n'aurait jamais pesé pratiquement sur lui.

Mais voici que surviennent les événements de 1885. Si on se borne à donner à M. Cerruti une indemnité de 60,000 livres sterling, il est certain que la totalité de cette somme va être absorbée par les créanciers de la société E. Cerruti et Cⁱᵉ. Ceux-ci, en effet, ont deux débiteurs solidaires : l'un, la Société Cerruti et Cⁱᵉ qui est complètement insolvable à raison des confiscations dont elle a été victime, l'autre, le commandité, M. Cerruti, qui redevient solvable, par suite de l'indemnité qui lui est allouée. Évidemment ces créanciers ne vont pas manquer de poursuivre M. Cerruti, mais alors puisque les dettes s'élèvent à 1,500,000 francs, M. Cerruti ne gardera rien et même il ne sera pas libéré puisque les intérêts ont accru le montant des dettes. Il faut donc, ou bien qu'une indemnité supplémentaire de 1,500,000 francs soit allouée à M. Cerruti, ou bien que la Colombie soit condamnée à rembourser à M. Cerruti les dettes de la société E. Cerruti que celui-ci serait obligé d'acquitter. Tel est manifestement le raisonne-

ment qui frappa l'honorable Président des États-Unis.
Il aperçut nettement que son devoir était de replacer
M. Cerruti dans la situation financière où il se trouvait
avant les événements de 1885 et il vit bien que sa décision serait incomplète et engendrerait de nouvelles difficultés, s'il n'abordait la redoutable question du règlement des dettes de la société E. Cerruti et Cie (1).

Ce n'était pas la première fois que cette question était
examinée. Dans son *Memorandum* du 31 mars 1893,
M. Brin, ministre italien des affaires étrangères, étudiait
longuement cette délicate question et il lui semblait
qu'elle ne pouvait être résolue autrement que par l'achat
fait par le gouvernement colombien des créances existant contre la société E. Cerruti et Cie : dans sa pensée,
cet achat pouvait être fait à des conditions peu onéreu-
ses, puisque l'insolvabilité complète de la société E. Cerruti et Cie devait rendre les vendeurs peu exigeants.

Dans les conclusions qu'ils avaient soumises au nom
de M. Cerruti à l'arbitre de Washington, les honorables
avocats américains s'exprimaient ainsi :

M. Cerruti a le droit d'être déchargé, d'une manière quelconque, de toute responsabilité à l'égard des créanciers de la société ;
ainsi qu'on l'a démontré, toute allocation d'indemnité sera illu-

---

(1) Dans toutes ces lignes, on suppose que la société E. Cerruti
et Cie était une société en commandite : s'il était vrai qu'elle fût,
comme on l'a parfois soutenu, une société en nom collectif, le raisonnement devrait néanmoins être maintenu, car l'obligation de
l'associé en nom collectif est la même que celle du commanditié.

soire, si elle n'est pas accompagnée d'une décision qui protège notre client du recours de ces créanciers ou lui donne les moyens de les payer. Comment ce résultat sera-t-il obtenu ? Cela lui est indifférent : il ne cherche pas à garder un seul centime de cette somme destinée à payer les créanciers. Que la Colombie lui rapporte les quittances en due forme et il lui importera peu que l'argent ait été remis directement aux créanciers. Si cela est impossible, que l'on établisse, d'après les livres de commerce que le gouvernement colombien détient, quelles sommes doivent être payées à chaque créancier, que l'on additionne ces sommes et que l'on y joigne une somme ronde assez forte *(ample lump sum)* pour couvrir les frais des nombreux procès qui ont été ou seront engagés par les créanciers et qu'une indemnité correspondante soit payée à M. Cerruti afin de le mettre en état de faire honneur aux demandes qui lui seront adressées (1).

Ce raisonnement avait convaincu M. Grover Cleveland, qui ne trouva d'ailleurs, dans le Mémoire de M. Calderon Carlisle, aucun argument qui le réfutât. Pourtant bien des objections pouvaient être élevées contre cette doctrine juridique ! Sans doute, si on ne considère que la situation de M. Cerruti, le raisonnement paraît légitime et il mène fatalement à la conclusion ; mais la question a deux faces, et il ne faut pas n'en examiner qu'une seule. Le tribunal arbitral de Washington, librement choisi par l'accord des parties, n'avait compétence que sur les restitutions et les in-

______

(1) Mémoire déposé au nom de M. Cerruti par MM. Frédéric Coudert et Mallet-Prévost, p. 124.

demnités *à accorder à M. Cerruti, sujet italien*; à l'égard de toutes autres personnes se rattachant par la nationalité à une autre puissance que l'Italie, son incompétence était absolue, et toute décision rendue directement ou indirectement en leur faveur était une immixtion illégitime dans les affaires intérieures de la Colombie. Or, les nombreux créanciers de la Société Cerruti et Cie, société colombienne, ont reçu de la sentence du 2 mars 1897 un avantage au moins égal à celui que retirait M. Cerruti. Auparavant leur créance était absolument sans valeur et volontiers ils l'eussent cédée pour le poids du papier qui la constatait, car la société débitrice n'avait plus aucun élément actif; et voilà que, soudain, ces créances sont cautionnées par un débiteur parfaitement solvable. En dehors de quelques exceptions, aucun de ces créanciers n'est de nationalité italienne : *les uns sont colombiens, d'autres sont anglais ou français, d'autres encore allemands ou américains. Il n'importe : tous recueillent le même profit et cela à la suite de l'intervention diplomatique de l'Italie, intervention strictement limitée, ainsi que l'ont toujours répété les diplomates italiens, à la défense des droits d'un sujet italien.* En vérité, conçoit-on ingérence plus abusive et plus vexatoire dans les affaires intérieures d'un État, et, si de pareils principes prévalaient, que deviendrait l'indépendance d'une nation qui, comme la Colombie, donne l'hospitalité à de si nombreux étrangers ?

Les créanciers, lésés aussi par les abus de 1885, pouvaient réclamer une indemnité et personne ne conteste leur droit, mais ils ne pouvaient porter leur demande que devant les tribunaux colombiens et tout au plus ceux d'entre eux qui n'étaient pas de nationalité colombienne avaient-ils le droit de demander l'appui de leur gouvernement dans le cas où l'indemnité allouée eût été tardive ou insuffisante.

Sans doute on allègue, pour justifier la solution adoptée par l'illustre arbitre, qu'il fallait indemniser effectivement, et non pas en apparence seulement, M. Cerruti du préjudice qui lui avait été causé en 1885; mais cet argument ne peut prévaloir contre le principe supérieur de l'indépendance des nations, et, si vraiment il fallait choisir entre les droits de M. Cerruti et les droits de souveraineté d'un État, pouvait-on hésiter sérieusement et préférer ceux de M. Cerruti?

Au surplus, il n'est pas démontré que le choix fût limité à ces deux termes et qu'il fût impossible de respecter à la fois deux droits inégalement importants, mais également respectables. Ne trouverait-on pas la solution du problème dans une théorie qui vient, d'ailleurs, d'être expressément consacrée par un arrêt récent de la Cour italienne de cassation, en date du 28 février 1899.

La Société Isaac et Samuel, de Londres, se déclarant créancière de la Société E. Cerruti et Cie pour une somme de 14,435 livres sterling, signifia, en décembre

1896, une saisie-arrêt, aux mains de M. le Ministre des affaires étrangères du royaume d'Italie, sur « toute somme, quelle qu'elle fût, qui pourrait être remise à ce ministre, par le gouvernement de la Colombie, au nom de M. Cerruti ». La Cour de cassation de Rome a annulé cette saisie-arrêt « parce qu'un jugement international échappe à toute ingérence de l'autorité judiciaire ordinaire, sous quelque forme que cette ingérence se manifeste, et les stipulations des conventions diplomatiques peuvent déroger aux lois ordinaires.

Il serait absolument inadmissible, continue la Cour suprême, qu'une convention entre deux États vînt à être assujettie aux lois et à l'autorité judiciaire de l'un d'eux. Et on a justement observé que des États traitent et contractent entre eux, dans la plénitude de leur souveraineté, en faisant abstraction de leurs propres lois intérieures ; leurs pactes et leurs conventions forment une loi supérieure, et soustraite à toute modification résultant de l'application des lois ordinaires, en vigueur sur leur territoire.

On observe encore, par les susdites considérations, qu'il n'est pas permis à l'autorité judiciaire interne d'interpréter la sentence internationale et par cette interprétation de paralyser l'exécution, laquelle n'est soumise qu'au contrôle des gouvernements qui ont provoqué la sentence. Dès lors, les juges ordinaires ne peuvent valider des saisies-arrêts, dont l'effet serait de paralyser l'exécution. Vainement on soutient que la sentence internationale est, pour les créanciers de la Société, *res inter alios judicata*, puisque ce sont des tiers en face du traité stipulé par les deux États.

On a fait observer avec raison qu'il importe de distinguer si le tiers est un autre État ou une personne privée. Dans la première hypothèse, le traité stipulé à l'insu d'un autre État ne pouvait porter préjudice aux droits incontestés de cet État. Mais la situation est toute différente lorsque le traité diminue les droits appartenant aux particuliers ou leur inflige un dommage éventuel.

Dans cette hypothèse, on a décidé que les diminutions ou les limitations des droits des tiers ne seraient pas une raison suffisante pour mettre obstacle à l'exécution. Les particuliers pourraient demander et devraient obtenir une indemnité payée par l'État qui leur aurait causé le dommage, mais on ne pourrait demander que l'exécution fût suspendue, et tout cela est conforme au droit des gens qui l'emporte sur le droit privé.....

La doctrine exposée par cet arrêt fortement motivé semble très saine et très juridique et s'il est vrai que les traités entre les États sont supérieurs aux lois internes des gouvernements signataires, ce principe acquiert une force plus grande encore lorsqu'il s'agit d'une sentence internationale.

En outre, il ne faut jamais oublier que le pouvoir juridictionnel de l'arbitre international, par cela même qu'il est une exception *très grave* à la compétence des tribunaux internes d'un pays, ne peut, *ni directement, ni indirectement,* nuire ou profiter à des particuliers autres que ceux en faveur desquels l'intervention diplomatique s'est produite.

A raison du caractère strictement limité de l'intervention diplomatique de l'Italie, l'indemnité de 60,000 livres sterling, mise à la charge de la Colombie, ne pouvait, d'une manière *directe ou indirecte,* profiter aux créanciers de la Société E. Cerruti et Cⁱᵉ. Vis-à-vis de ces derniers, on n'en devait pas tenir compte, et, pour eux, la sentence arbitrale était *res inter alios judicata.*

Il est vrai que, contre ce système, on peut objecter que toutes les législations disposent, à l'instar de l'article 2092 du Code civil français, que tous les biens présents et à venir d'un débiteur sont le gage commun de ses créanciers. Comment donc, dira-t-on, songer, en présence de ce principe, à soustraire au gage des créanciers l'indemnité versée par le gouvernement colombien? Cette objection n'est peut-être pas aussi irréfutable qu'elle le paraît, car il faudrait *commencer* par démontrer que les créanciers de la Société E. Cerruti et Cie ont le droit de tirer profit d'un jugement émanant d'un juge qui n'aurait pu accepter leur intervention. L'arbitre américain a voulu réparer le préjudice subi par M. Cerruti, mais il n'a ni voulu, ni pu réparer celui qui avait été causé aux créanciers de la Société E. Cerruti et Cie : l'indemnité accordée à ce sujet italien est donc soustraite à toute saisie de leur part.

Quelle que soit la valeur de cette théorie, en tous cas il paraît certain que M. Cleveland commettait un excès de pouvoir et portait atteinte au grand principe de l'indépendance des nations, en condamnant indirectement la Colombie à désintéresser les créanciers de la Société E. Cerruti et Cie : ceux-ci n'étaient pas parties aux débats et ils n'auraient pas pu l'être, encore qu'ils l'eussent voulu ; les signataires du protocole de Castellamarc ne voulaient, ni ne pouvaient stipuler aucune clause qui fût en faveur d'individus n'ayant pas la nationalité italienne, et pourtant l'honorable arbitre, non content d'allouer à M. Cerruti une indemnité trois fois supérieure à celle à laquelle l'intéressé lui-même prétendait avoir droit, a en outre condamné la Colombie à payer aux créanciers de la société E. Cerruti et Cie une somme de deux millions cinq cent mille francs! (1).

On voit que les motifs de nullité ne manquaient pas dans la sentence arbitrale du 2 mars 1897. En vain, on rappellerait que l'arbitre avait été investi des *pleins pouvoirs, autorité et juridiction*, car ce même protocole de Castellamare rappelait aussi que l'arbitre devait juger *d'après le droit public*. Ces deux dispositions n'avaient rien d'inconciliable, parce que chacune avait son champ d'application séparé. En vertu de son pouvoir souverain, l'arbitre pouvait régler la procédure et ordonner telle mesure d'instruction qu'il jugeait utile à la manifestation de la vérité; suivant la remarque d'un publiciste, « il aurait pu citer comme témoin le président de la République colombienne en personne ». Ce pouvoir discrétionnaire lui permettait encore de prendre pour l'exécution de la sentence telles mesures

(1) *Vide infra* l'appendice et l'annexe II. — M. Cerruti évaluait l'actif net de la société E. Cerruti et Cie à 63,857 livres sterling : or l'indemnité de 60,000 livres qui lui a été accordée n'était légitime que si cet actif net s'élevait à la somme de 168,716 livres.

qu'il jugerait les meilleures. Mais, pour apprécier le fait et le droit, pour tirer la conclusion et motiver sa sentence, l'arbitre devait rester le serviteur docile des principes supérieurs du droit international public, et ce serait bien mal comprendre la fonction du juge que de revendiquer pour lui, au lieu de cette docilité magnifique, le droit de suivre je ne sais quelles suggestions de son caprice.

Aucun raisonnement ne pouvait donc soustraire la sentence du 2 mars 1897 à l'application des principes universellement admis sur les causes de nullité des sentences arbitrales. L'article 495 du *Droit international codifié*, de Bluntschli, dispose que la décision du tribunal arbitral peut être considérée comme nulle dans la mesure en laquelle le tribunal arbitral a dépassé ses pouvoirs. L'article 25 du *Règlement pour la Procédure arbitrale internationale*, voté par l'Institut de Droit international, décide aussi que « la sentence arbitrale est nulle en cas d'excès de pouvoir, ou de corruption prouvée d'un des arbitres, ou d'erreur essentielle ».

V

La sentence de Washington étant annulable, quelle
voie fallait-il suivre pour obtenir l'annulation? On ne
peut ici que signaler la plus regrettable des lacunes de
la procédure d'arbitrage international, celle qui, par sa
seule existence, aggrave toutes les autres et dont la dis-
parition atténuerait aussi la portée de toutes les autres :
c'est l'absence de tout moyen de recours contre les
sentences d'arbitrage international.

Alors que chaque législation interne, soucieuse de
donner aux plaideurs toutes les garanties désirables,
multiplie les voies de recours et organise cumulative-
ment l'appel, l'opposition, le recours en cassation, la
requête civile, la tierce opposition, la prise à partie, les
juges internationaux tranchent en premier et dernier
ressort les litiges entre les États, et il n'y a jamais de
voie légale de recours. Bien des raisons rendraient
pourtant ces recours plus indispensables qu'en aucun
autre procès, ne serait-ce, pour n'en signaler qu'une
seule, que l'expérience moins grande du juge qui est

exposé à faire moins bien ce qu'il n'a pas l'habitude *professionnelle* de faire (1).

La Colombie allait une fois de plus constater à ses dépens la gravité de cette lacune. Aussitôt que son chargé d'affaires à Washington eut pris connaissance de la sentence, celui-ci s'empressa, pendant les courtes heures qui restaient encore avant l'expiration des pouvoirs de M. Cleveland, de protester contre la condamnation prononcée par le paragraphe V et relative au paiement des dettes de la société E. Cerruti et Cⁱᵉ ; le gouvernement colombien approuva cette conduite et après l'entrée de M. Mac-Kinley à la Maison-Blanche, il saisit formellement le gouvernement de Washington d'une demande en révision.

Cette démarche n'aboutit pas ; aux protestations du général Rengifo, le secrétaire d'État des États-Unis répondit, le 5 avril 1897, par une note laconique dans laquelle il se bornait à déclarer que « le Président de l'Union américaine s'estimait *functus officio*, en ce qui concerne l'arbitrage et qu'en conséquence il ne pouvait

______

(1) Cette lacune est si grave qu'elle rend très délicate la fonction de l'arbitre international. S'il est déjà redoutable pour un homme de trancher, sous réserve des voies de recours, d'après des principes fixes et en suivant des règles de procédure minutieusement tracées, les conflits qui s'élèvent entre deux simples citoyens, combien plus redoutable sera la mission du juge international qui doit trancher en dernier ressort, en ne suivant que les règles de procédure qu'il lui a plu de poser, et d'après des règles de droit moins fixes, les conflits entre les nations !

prendre en considération la demande en révision formulée par la Colombie » (1).

En l'absence de toute voie légale de recours, la Colombie n'avait qu'un parti à prendre, c'était d'en appeler au témoignage de l'Italie elle-même et d'obtenir bénévolement la renonciation à la condamnation abusive de la partie finale du paragraphe V. Elle pouvait en même temps solliciter l'appui des autres gouvernements et le concours des jurisconsultes internationalistes qui, dans le silence de leurs cabinets, jugent souverainement les sentences des juges. La Colombie pouvait faire toutes ces tentatives et elle les a faites, mais ces tentatives étaient incapables de produire le résultat qu'elle désirait.

De pareilles démarches sont efficaces, ou peuvent l'être, lorsque les forces matérielles de l'Etat qui a perdu son procès sont plus grandes que celles de l'Etat gagnant, mais elles sont sans résultats tangibles pour l'État dont les armées et les flottes sont plus faibles. Le temps est loin encore où la diplomatie sera si fidèle à respecter les principes du droit international public qu'elle ne profitera plus de l'erreur du juge pour obtenir

____

(1) Le 12 janvier 1898, M. Sherman exprima dans une seconde note la même opinion. Il indiqua qu'alors même que la raison signalée au texte n'existerait pas, « des raisons de délicatesse et de haute considération porteraient encore le Président à ne point se hasarder dans l'arrangement de la controverse entre le gouvernement colombien et l'Italie et il ne pourrait même pas apporter une modification substantielle à la sentence ».

les satisfactions convoitées, et la recrudescence du chauvinisme, de l'impérialisme, du jingoïsme et du nationalisme, qui sévit en ce moment chez tous les peuples, menace de reculer encore cette échéance.

Pour toute puissance, le concours des autres gouvernements est difficile à obtenir; dans chaque État, le ministre des affaires étrangères ne peut déjà suffire à la tâche si lourde qui lui incombe: que serait-ce s'il lui fallait adopter le rôle aventureux de redresseur de torts?

Quant au témoignage de la conscience universelle et des jurisconsultes, on peut certes espérer qu'il se fera entendre en faveur de la victime d'une sentence illégalement rendue: mais il faut du temps pour mobiliser ces forces de réserve. La science juridique et le bon sens veulent que le juge soit toujours présumé avoir bien jugé: *res judicata pro veritate habetur*, et on écoute peu un plaideur qui récrimine contre la sentence qui l'a condamné. Lorsque la voix du droit se fera entendre, il y aura beau temps que l'État gagnant aura mis ses forces de terre et de mer au service du « bon droit enfin reconnu par un tribunal impartial ». Sans doute ce témoignage tardif de la conscience universelle et des jurisconsultes ne doit pas être méprisé et en un temps où l'opinion publique est chaque jour mieux écoutée, il a une grande importance, mais du moins il sera impuissant à faire obtenir la restitution des indemnités abusivement obtenues.

Dans les circonstances où se trouvait la Colombie, les événements s'enchaînent et se succèdent dans un ordre invariable ; cette république le constata bientôt.

Elle s'efforça d'abord de convaincre le gouvernement italien de l'illégalité du paragraphe V de la sentence arbitrale ; elle sollicita aussi l'appui de plusieurs gouvernements neutres, mais, comme c'était à prévoir, cette double tentative fut infructueuse. L'Italie répondit que l'affaire Cerruti n'avait que trop duré et que la sentence de Washington devait être intégralement exécutée (1) ; les gouvernements neutres avaient aussi d'excellentes raisons pour ne pas intervenir dans le débat, ne fut-ce que pour ne pas nuire en cette circonstance à plusieurs de leurs nationaux créanciers de la société E. Cerruti et Cⁱᵉ et à qui M. Cleveland avait fait faire une excellente affaire, en leur garantissant le paiement de leurs créances.

Au mois de juin 1898, la Colombie, voyant qu'il n'y avait plus aucun espoir d'obtenir une modification de la sentence arbitrale, notifia définitivement au chargé d'affaires italien à Bogota qu'elle exécuterait intégralement la sentence du 2 mars 1897 ; elle ajoutait seulement que le paiement des dettes de la société E. Cer-

---

(1) Le 23 juillet 1898, l'Italie a pourtant signé avec la République Argentine un traité général d'arbitrage dont l'article 13 est ainsi conçu :

« Est pourtant admise la demande de révision devant le tribunal qui a prononcé la sentence et avant que celle-ci n'ait été exé-

ruti et Cie ne pourrait avoir lieu avant la réunion des Chambres, puisque le Parlement pouvait seul ouvrir le crédit nécessaire. On approchait donc enfin du règlement final, lorsqu'un incident nouveau surgit encore.

Plusieurs créanciers de la société E. Cerruti et Cie, lorsqu'ils connurent la décision arbitrale de M. Cleveland (1), s'étaient empressés de signifier au ministre italien des affaires étrangères des saisies-arrêts sur toutes les sommes qui pourraient lui être remises par le gouvernement de la Colombie pour le compte de M. E. Cerruti. Comme les créanciers de la société E. Cerruti et Cie étaient nombreux et de nationalité diverse, les poursuites affluèrent de tous côtés et il y eut un concours entre les créanciers d'Italie, de France, d'Angleterre, d'Allelemagne, de Colombie, pour obtenir un jugement de condamnation contre l'ancien commandité de la société E. Cerruti et Cie.

Ces poursuites étaient naturelles et elles avaient été si bien prévues par l'honorable arbitre que pour dédommager M. Cerruti il avait condamné la République de

---

cutée : 1º Si la dite sentence a été rendue sur un document faux ou erroné ; 2º Si elle a été en tout ou en partie l'effet d'une erreur de fait positive ou négative, et portant sur l'interprétation des actes ou des documents de la cause. »

(1) Quelques-uns même n'avaient pas attendu que cette sentence fût rendue ; la signature du protocole de Castellamare leur avait paru un motif suffisant pour agir. Cf. l'exemple précité de la maison Isaac et Samuel de Londres.

Colombie à « garantir ledit sieur Ernesto Cerruti contre toute responsabilité relative aux dettes de ladite société dûment établies après toutes défenses complètes qui pourraient et devraient avoir été faites, et cette garantie comprendra le remboursement de toutes les dépenses nécessaires pour contester lesdites dettes sociales ou toute participation à ces dettes ».

Puisqu'en vertu de cette disposition de la sentence du Président des Etats-Unis la Colombie devait garantir M. Cerruti contre toute responsabilité, à raison des dettes de la Société E. Cerruti et Cie, il suffit pour connaître les obligations de la République de la Colombie de rappeler ici les principes de la garantie, tels que, depuis le Droit romain, les formulent toutes les législations.

Le garant, disent MM. Aubry et Rau (1), doit en premier lieu s'abstenir de tout acte en réclamation qui tendrait à inquiéter le garanti ou à le priver de partie des avantages sur lesquels il pouvait compter...

L'obligation de garantie impose, en second lieu, au garant celle de prendre la défense *(le fait et cause)* du garanti, lorsqu'un tiers forme au sujet de la chose garantie quelque réclamation fondée sur une cause antérieure au contrat...

Enfin la garantie soumet encore le garant, lorsqu'il n'a pas réuss

---

(1) Suivant l'usage traditionnel, ces jurisconsultes étudient l'obligation de garantie à propos de la vente et ils emploient les mots acheteur et vendeur au lieu des expressions garanti et garant que nous avons substituées pour plus de clarté.

à faire cesser le trouble et que le garanti se trouve évincé, à l'obligation de restituer à ce dernier une indemnité égale au préjudice que lui cause l'éviction (1).

Si l'on applique ces principes à la Colombie, on observe que cette république était tenue de trois obligations.

D'abord, au cas où elle aurait été elle-même créancière de la Société E. Cerruti et Cⁱᵉ, elle devait s'abstenir de toute poursuite contre le commandité M. Cerruti, car le premier devoir du garant et le plus facile à remplir consiste à s'abstenir de causer le dommage que l'on devrait soi-même réparer, s'il émanait d'une tierce personne.

En second lieu, dans le cas où un créancier de la Société E. Cerruti et Cⁱᵉ poursuivait M. Cerruti, la Colombie, de concert avec M. Cerruti, devait, s'il y avait lieu, faire tous ses efforts pour démontrer que cette créance n'existait pas, soit qu'elle eût été déjà payée, soit qu'elle n'eût jamais existé, soit qu'elle eût été irrégulièrement contractée, soit enfin à raison de toute autre circonstance ; le Président des Etats-Unis faisait allusion à ces contestations, lorsqu'il parlait des créances dûment établies, après toutes défenses complètes qui pourraient et devraient avoir été faites.

Enfin, dans le cas où la créance alléguée contre la

____

(1) *Cours de Droit civil français*, par MM. Aubry et Rau, quatrième édition, t. IV, p. 369 et 370.

Société E. Cerruti et Cie paraîtrait incontestable — et, en pratique, ces créances seraient certainement les plus nombreuses, — M. Cerruti devait soumettre à la Colombie les titres sur lesquels reposait cette créance et après que la qualité du créancier aurait été dûment constatée et que le chiffre de la créance aurait été reconnu exact, la Colombie devait payer ; si elle ne le faisait pas, le créancier poursuivrait M. Cerruti, lequel, à son tour, appellerait en cause le gouvernement colombien et le même jugement condamnerait d'une part M. Cerruti à désintéresser le créancier, et d'autre part, le gouvernement colombien à payer directement au tiers créancier ou à rembourser à M. Cerruti, avec les frais du procès, la somme que ce dernier aurait remise à ce tiers créancier (1).

Telle était la situation juridique qui résultait sur ce point de la sentence du Président des États-Unis : celui-ci n'avait pas décidé que la Colombie serait à l'avenir substituée à M. Cerruti dans les relations avec les créanciers de la Société E. Cerruti et Cie. Peut-être M. Cleveland avait-il désiré décider ainsi, on ne sait, mais il ne l'avait pas fait *par la raison péremptoire qu'il était dans l'impossibilité absolue de le faire.* Lorsqu'une personne a contracté une dette, aucune puissance de la terre ne peut dégager le débiteur, à

---

(1) On suppose dans ces lignes que le gouvernement colombien accepterait la juridiction d'un tribunal italien.

moins d'acquitter la dette même, et tous les recours qu'on peut assurer au débiteur pour obtenir son remboursement laissent subsister dans son intégrité le droit du créancier de poursuivre son débiteur.

On est quelque peu confus d'avoir à rappeler des principes aussi élémentaires, mais il le faut bien puisque certaines personnes ont, dans cette douloureuse affaire Cerruti, persisté à les méconnaître.

Donc lorsqu'en 1897 des créanciers de l'ancienne maison E. Cerruti et Cie intentèrent des poursuites contre M. Cerruti, ils usaient d'un droit absolu ; le défendeur n'avait qu'à informer la Colombie de ces poursuites, et cet État aurait exécuté son obligation.

Mais M. Cerruti pensa qu'il serait bien plus simple d'obtenir que la Colombie se substituât purement et simplement à lui-même au regard des créanciers ; il affirma que par cela seul qu'une personne quelconque intentait contre lui une poursuite en paiement des dettes de la Société E. Cerruti et Cie, la sentence n'était pas respectée et qu'il avait le droit d'être désormais soustrait à toute demande judiciaire. Cette prétention, qui ne tendait à rien moins, sous prétexte d'éviter à M. Cerruti des poursuites, qu'à obliger la Colombie à payer à première réquisition toute créance sérieuse ou alléguée, que la première personne venue aurait pu prétendre exister à son profit, fut accueillie par le gouvernement italien qui employa pour l'imposer à la Co-

lombie des moyens qu'il est permis de trouver insuffisamment corrects.

Par une cruelle ironie des choses, l'Italie allait recourir aux moyens de coercition, au moment même où un
savant jurisconsulte italien, sénateur du Royaume d'Italie, publiait, dans la *Revue de Droit international et
de législation comparée*, un article dans lequel étaient
énumérées les sept causes de nullité qui frappaient
de caducité le jugement rendu par M. Cleveland dans
l'affaire Cerruti (1).

Le 14 juin 1898, M. Pironne, chargé d'affaires italien
à Bogota, prétextant une absence de quelques mois,
prit congé, d'une manière très courtoise d'ailleurs, de
M. le Ministre des affaires étrangères.

Le 10 juillet, le Ministre italien des affaires étrangères fit appeler M. Hurtado à une conférence particu-
lière où il l'informa « pour lui prouver sa bonne volonté », qu'on avait décidé, depuis quelque temps, de confier
l'arrangement des questions afférentes à la sentence du
Président des Etats-Unis, à l'amiral commandant en
chef la flotte des Antilles (2) et que ladite flotte arriverait

____

(1) *La Nullité d'un arbitrage international*, par M. Auguste
Pierantoni, sénateur du royaume d'Italie, membre de l'Institut de
Droit international, *Revue de Droit international et de législa-
tion comparée*.

(2) Pour la seconde fois, l'Italie employait cette tactique qui lui
avait déjà réussi avec le commandant Cobianchi. On ne saurait
protester avec trop d'énergie contre cette substitution des amiraux
aux agents diplomatiques ordinaires. Lorsqu'un gouvernement re-

deux ou trois jours après sur les côtes de la Colombie. Le ministre ajouta, en outre, que cette entrevue était purement une concession de son gouvernement, dans l'espoir qu'il avait que le pouvoir exécutif autoriserait M. Hurtado à transmettre l'acceptation complète de cette sentence avec l'engagement formel de payer, dans un délai de trois mois, les créanciers de M. Cerruti. Il demanda une réponse avant le 13 afin de pouvoir donner contre ordre à l'amiral.

Au moment où on recevait à Bogota la dépêche de M. Hurtado, relative à cette entrevue, l'escadre italienne composée de quatre croiseurs se trouvait déjà en vue de Carthagène, et quelque temps après, un autre croiseur, l' « Etna » mouillait dans le port de Bonaventura.

Cette escadre se présenta comme pour une visite pacifique, à telles enseignes que lors de son entrée dans le port de Carthagène, dont la passe est à certains endroits très difficile, un des navires, le *Carlos Alberto*, s'étant trouvé un moment dans une position critique, l'autorité du port envoya un pilote à son secours.

------

fuse d'accueillir les doléances *légitimes* qu'on lui exprime, il est naturel et juste que les forces de mer viennent appuyer la parole du diplomate, mais cet appui n'a rien de commun avec la substitution d'un officier de marine à un chargé d'affaires. La loyauté et la bonne volonté de l'un sont égales à celles de l'autre, mais l'exercice de la profession donne à chacun un tempérament différent et si personne ne songerait à faire commander les flottes par des chargés d'affaires, pourquoi, si on désire la paix, confier à des amiraux des négociations diplomatiques ?

Soudain le 22 juillet, l'amiral Candiani adressa au Ministre colombien des affaires étrangères la note suivante :

Carthagène, 22 juillet 1898.

Monsieur le Ministre des Affaires Étrangères, Bogota.

Votre Excellence n'ignore pas que la réclamation Cerruti, après avoir donné lieu à un long débat entre le Gouvernement Italien et le Gouvernement Colombien, fut, d'un commun accord, soumise pour son règlement définitif à l'examen de M. le le Président des États-Unis de l'Amérique Septentrionale. Le jugement qui fut prononcé, le 2 mars 1897, par M. le Président Cleveland, fut intégralement accepté par l'Italie ; mais, du côté du gouvernement colombien, il n'a eu jusqu'à présent qu'une exécution partielle.

Le gouvernement de Sa Majesté a pris la ferme résolution de régler dans le plus bref délai et définitivement cette affaire Cerruti, même en ce qui concerne la partie du jugement arbitral qui jusqu'à ce jour est restée en suspens, afin qu'il ne reste plus de motif de discussion entre les deux gouvernements ; aussi le gouvernement royal italien m'a conféré l'honorable charge d'adresser à Votre Excellence quelques communications, à la suite de celles qui ont été échangées par la voie diplomatique entre les gouvernements d'Italie et de Colombie. Le gouvernement de Sa Majesté m'a ordonné à cet effet de demander par Votre entremise que le gouvernement de la République déclare d'une manière explicite, et sans réserves ni restrictions, qu'il est disposé à exécuter entièrement et intégralement le jugement rendu par le Président Cleveland le 2 mars 1897, et que, conformément à ce jugement, il prenne l'engagement de faire cesser toute poursuite contre M. Cerruti, de la part de ses créanciers. Le gouvernement italien demande ensuite que cette obligation acceptée soit mise à exécution dans un délai de trois mois.

Mon gouvernement m'ordonne également d'exiger de V. E. que, dans un délai de dix jours, après que la sentence présidentielle aura été intégralement acceptée, le gouvernement de la République fasse un dépôt de 20,000 £ (vingt mille livres sterling) dans la banque Hambro, de Londres, à l'ordre du gouvernement italien, soit comme garantie de la stricte exécution de la sus-dite obligation, soit pour donner au gouvernement italien les moyens de pourvoir aux conséquences directes ou indirectes de la non-exécution du jugement arbitral ou du retard dans ladite exécution.

Je profite de l'occasion qui m'est offerte de communiquer à Votre Excellence les ordres que j'ai reçus du gouvernement de sa Majesté, pour exprimer à votre Excellence la profonde conviction que j'ai des sentiments d'amitié et d'équité des deux nations, ce qui me fait espérer que le gouvernement de la République voudra bien accueillir favorablement les demandes du gouvernement royal d'Italie, vu leur modération et le droit évident sur lequel elles sont fondées.

J'ai donc l'honneur de signifier à votre Excellence que, dans un délai maximum de vingt jours à partir de la présente note, j'espère recevoir du gouvernement colombien une réponse affirmative au sujet des demandes que j'ai eu l'honneur de lui adresser au sujet de l'entière acceptation du jugement arbitral et de l'obligation de faire cesser dans un délai de trois mois toute poursuite de créanciers, ainsi que de déposer la somme qui doit être remise en garantie.

Je dois ajouter que, d'accord avec la détermination du gouvernement de sa Majesté, toute réponse négative, même sur une partie de ces demandes, ne pourrait que compromettre les bonnes relations actuellement existantes entre les deux nations.

Je suis heureux, Monsieur le Ministre, de présenter à Votre Excellence, les sentiments de ma considération distinguée.

Le Contre-Amiral,
commandant la Division navale océanique,
Signé : C. CANDIANI.

Il suffit de rapprocher les termes de cette note, qui était presque un ultimatum, de ceux de la sentence arbitrale, pour constater que l'Italie ne se bornait pas à demander l'exécution intégrale de cette décision, mais en modifiait les termes au détriment de la Colombie. D'abord l'exigence d'un dépôt de 500,000 francs dans une banque spéciale de Londres était toute gratuite et l'Italie subtituait sa volonté à la décision du juge ; de plus les termes employés pour formuler cette exigence ne pouvaient qu'humilier la Colombie, dont on suspectait à la fois la bonne foi et la solvabilité.

L'Italie ne pouvait mettre la Colombie en demeure de faire cesser toute poursuite contre M. Cerruti, de la part de ses créanciers, puisque précisément ces poursuites pouvaient être nécessaires pour établir le droit de ces créanciers et le montant de leurs créances. De plus, ce serait soutenir une étrange théorie juridique que d'affirmer qu'un garant est tenu de venir défendre le garanti contre toute attaque : encore faut-il que l'attaque soit fondée sur des motifs qui mettent en cause la responsabilité du garant. Or rien n'était plus douteux que la légalité des instances en validité de saisie-arrêt intentées par plusieurs créanciers contre M. Cerruti, puisque, quelques mois plus tard, la Cour de cassation italienne déclarait que *ces instances étaient mal fondées* et que l'indemnité accordée par la sentence arbitrale de Washington ne pouvait être saisie par les créanciers.

Mais, en attendant que se vérifie la belle parole de Mirabeau, rappelée par M. Mérignhac en tête de son *Traité de l'arbitrage international*, « le Droit sera un jour le souverain du monde », les États plus faibles n'ont souvent aucun moyen de résister aux prétentions des États mieux armés. Aussi la Colombie s'empressa-t-elle de présenter au Congrès, alors en session, un projet de loi qui fut voté sans retard, et dont voici le texte :

ARTICLE PREMIER

Le gouvernement de la République est autorisé à continuer l'exécution dans toutes ses parties de la sentence rendue par l'ex-Président des États-Unis d'Amérique, M. Grover Cleveland, comme arbitre en sa qualité dedit Président, dans le différend provenant de la réclamation du sujet italien E. Cerruti. Il est entendu que la fidèle exécution de l'article V de ladite sentence, à laquelle la République est contrainte, après que le gouvernement, usant de son droit absolu, a épuisé tous les moyens possibles pour obtenir sa révision, n'implique pas que la Colombie accepte ce cas particulier comme un précédent judiciaire pour des cas analogues, ni la théorie d'après laquelle le Droit international pourrait étendre son action aux sociétés qui n'existent qu'en vertu des lois internes d'un État, et ne doivent par suite être régies que par celles-ci.

La somme qui sera nécessaire pour l'exécution de cet article sera considérée comme incluse dans le budget des dépenses.

ART. 2.

Est autorisée l'émission d'un million de piastres, 1,000,000, en papier monnaie qui sera immédiatement déposé dans une banque respectable, à l'ordre du Représentant diplomatique de S. E. le Président de la République des États-Unis, comme garantie de la fidèle exécution de ladite sentence, garantie qui est offerte à l'arbitre qui trancha ledit différend comme un acte spontané, attendu qu'il n'y a eu de la part du gouvernement américain aucune mise en demeure quelconque à ce sujet, et qu'au contraire l'intervention obligeante des États-Unis en faveur de la Colombie est bien connue dans les présentes circonstances.

Cet acquiescement explicite et complet (1) semblait devoir donner pleine satisfaction à l'Italie : en effet, les agents diplomatiques des puissances neutres, auxquels

____

(1) Voici la communication de M. le Ministre des Affaires Étrangères :

Bogota, 10 août 1898.

Contre-Amiral Candiani, Carthagène.

Le Ministère des affaires étrangères a reçu aujourd'hui dans l'après-midi la note de Votre Excellence datée de Carthagène le 22 juillet, et je me suis empressé de la communiquer immédiatement à S. E. M. le Vice-Président de la République. En exécution des ordres que j'ai reçus du Chef de l'État, je réponds à votre note, sans examiner pour le moment la question préalable des lettres de créance de V. S. et de son titre à jouer le rôle d'intermédiaire dans une affaire de caractère diplomatique. Avant tout, je dois dire à V. S. qu'aussitôt que mon gouvernement acquit la certitude que le gouvernement qui servit d'arbitre ne modifierait pas l'arrêt rendu, on s'empressa de faire connaître au représentant d'Italie à Bogota et aux autres agents diplomatiques qu'on attendait la rentrée des Chambres pour demander l'autorisation relative à l'exécution de l'article V du jugement arbitral, résolution dont prit note M. Pironne, qui se déclara satisfait. La situation à laquelle se réfère la note que V. S. m'a adressée en vertu des ordres reçus de votre gouvernement n'existe pas actuellement : la sentence arbitrale a été acceptée dans toutes ses parties avec approbation explicite du Congrès ; on a donné aux représentants diplomatiques étrangers, représentants des créanciers de Cerruti, pleines et entières sécurités que les créances seraient payées. Ils

il fut communiqué, télégraphièrent à leurs gouvernements respectifs que la Colombie avait donné pleine garantie, et l'avocat de M. Cerruti télégraphia à Rome dans le même sens.

Pourtant cet acquiescement ne satisfit pas encore l'amiral Candiani, qui mit son amour-propre à obtenir une adhésion absolument calquée sur les termes de la note qu'il avait adressée. Il ne voulut même pas laisser à la Colombie la satisfaction bien modeste d'avoir paru sauver les apparences, désireux d'infliger à cette république un affront nouveau. Lorsqu'il eut été avisé télégraphiquement du vote du Congrès, il s'empressa de rédiger l'ultimatum suivant :

---

se sont montrés satisfaits et ils ont télégraphié en ce sens à leurs gouvernements ; enfin, le Congrès, sans contrainte ni demande d'aucune espèce, a voté un crédit pour une somme trois fois plus grande que celle exigée par le gouvernement royal italien, et cette somme a été déposée à l'ordre de l'agent diplomatique des États-Unis en Colombie, dans une banque dont le gérant est le Consul d'Allemagne, comme garantie de l'exécution de l'article V de la sentence. Le gouvernement italien ne peut réclamer davantage de la Colombie. L'avocat de Cerruti à Washington a télégraphié à Rome qu'il croit qu'on devrait accepter les mesures prises par la Colombie. Toutes les difficultés suscitées par la sentence du Président Cleveland ayant pris fin, toute autre exigence de la part du gouvernement royal n'aurait plus de fondement juste et excéderait les droits auxquels l'Italie peut prétendre en vertu de ladite sentence arbitrale. Je ne doute point que V. S. et le gouvernement royal italien le comprendront ainsi, et, dans cette assurance, recevez, Monsieur le contre-amiral, l'expression de mes sentiments distingués.

Signé :

FELIPE F. PAUL.

Carthagène, 13 août.

J'ai reçu aujourd'hui la dépêche du 10 courant de S. E. le Ministre des affaires étrangères. Je prends note de l'acceptation intégrale du jugement arbitral, mais je remarque aussi l'omission qu'on fait de répondre à deux points, à savoir :

1º Si le gouvernement colombien a l'intention de s'engager à faire cesser toute poursuite des créanciers de M. Cerruti dans un délai que ma note du 22 juillet fixait à trois mois, et que maintenant j'ai été autorisé à prolonger jusqu'à huit mois;

2º Si le gouvernement colombien a l'intention de déposer à la banque « Hambro », de Londres, la somme de vingt mille livres sterling à l'ordre du gouvernement italien dans le délai indiqué dans ma note du 22 juillet dernier. Un télégramme de mon gouvernement, reçu aujourd'hui, m'ordonne d'exiger immédiatement une réponse sur ces deux points. Aussi, je concède au gouvernement colombien jusqu'au 15 août courant inclus pour me donner une réponse purement et simplement affirmative sur les deux points sus-mentionnés, sans quoi je ferai usage des moyens militaires à ma disposition. Avec les sentiments de la plus parfaite considération, etc., etc.

Le Contre-Amiral,

C. CANDIANI.

Il n'était pas difficile de deviner quel était l'usage que l'amiral Candiani comptait faire de ses moyens militaires, car le commandant de l'escadre offrit son bord aux sujets italiens en résidence dans la ville et il éloigna son escadre de la rive.

Ainsi sous prétexte de faire exécuter une sentence arbitrale entachée de plusieurs causes de nullité, une puissance, usant de la supériorité de ses forces navales, imposait à une autre les conditions volontairement humiliantes que lui dictait son bon plaisir et, en cas de refus, menaçait du bombardement (1) une ville pacifique et ouverte de 30,000 habitants.

Ce qui donnait un caractère plus grave encore à ces faits, c'est que l'escadre italienne était mobilisée, non point pour défendre les droits d'un sujet italien — car l'arrêt ultérieur de la Cour de cassation romaine allait démontrer que M. Cerruti n'avait aucun intérêt à ce que la Colombie accomplît l'acte qu'on lui imposait — mais uniquement dans l'intérêt de créanciers anglais, français, allemands, colombiens même.

L'Italie croyait soutenir les droits de son national qui se plaignait des saisies-arrêts mises par les créanciers de la société E. Cerruti et Cie sur les 50,000 livres sterling qu'il lui restait à toucher du gouvernement colombien. Or le 28 février 1899, la Cour de cassation italienne a jugé que ces saisies-arrêts étaient nulles et illégales ; elle a décidé, à raison du caractère international des arrangements qui avaient abouti à l'allocation de cette indemnité, que celle-ci était soustraite à l'application ordinaire des lois internes, et que rien ne

____

(1) C'est aussi un des plus illustres jurisconsultes de l'Italie, le professeur Pasquale Fiore, qui a écrit ces belles paroles :

« A notre point de vue, le bombardement n'est pas un moyen d'attaque propre des temps modernes ; c'est l'abus le plus déplorable de la force, l'opération de guerre la plus ruineuse et la plus déloyale, quand il est dirigé contre les villes habitées par des citoyens pacifiques, quand même ces villes seraient défendues par

pouvait mettre obstacle au libre paiement de la somme de 50,000 livres sterling entre les mains de M. Cerruti lui-même.

Cette solution semble juste et il faut regretter qu'elle n'ait pas été aperçue par l'illustre arbitre américain ; on eût évité ce qu'on me permettra d'appeler le *scandale international* du mois d'août 1898, lorsque — il ne faut pas craindre de le répéter — des navires italiens menaçaient de bombarder un port colombien pour défendre les droits de citoyens anglais, français, allemands et même colombiens !

Quoiqu'il en soit, à cette date du mois d'août 1898, la suite des événements allait se dérouler de la manière qu'on pouvait prévoir. En présence de l'attitude de l'amiral Candiani, le gouvernement colombien lui avait transmis par télégraphe la réponse suivante :

Bogota, le 13 août 1898.

Au Contre-Amiral Candiani, Carthagène.

En réponse à la note communiquée en dernier lieu par votre

---

une garnison : et on doit le considérer toujours comme un attentat public, comme une violation manifeste du droit des personnes et du droit des gens, que les nécessités de la guerre peuvent seules faire excuser, dans des cas réellement exceptionnels. »

« Le bombardement, dit M. Pillet, est la plus grave de toutes les mesures dont un général puisse assumer la responsabilité. Il heurte de front les premiers principes du droit des gens, qui nous commande de n'attaquer que ceux qui peuvent se défendre, il méconnaît cette grande loi de la raison, qui veut qu'on ne fasse pas à l'ennemi plus de mal que cela n'est nécessaire au but de la guerre entreprise. » (Pillet. *Le droit de la guerre*, p. 169.)

Excellence au Gouverneur de Bolivar, de laquelle il résulte que l'Italie persiste à imposer à la République des exigences contraires aux dispositions de la sentence arbitrale du Président Cleveland et, par suite, violatrices de nos droits, et qu'elle se prépare à soutenir ces exigences par la force, le Gouvernement manquant de moyens matériels pour s'opposer aux procédés inusités du Gouvernement royal, après avoir élevé une protestation formelle contre la conduite observée par l'Italie à l'égard d'une nation amie, déclare qu'il mettra un terme à toutes les réclamations des créanciers de Cerruti dans le délai de huit mois, et qu'il déposera dans le délai fixé par l'ultimatum, la somme de 20,000 livres sterling à la Banque Hambro de Londres, à la disposition du gouvernement italien. Je profite de cette occasion pour affirmer de nouveau la bonne foi du gouvernement de la République, et son ferme dessein d'exécuter, y étant déjà autorisé par le Congrès, toutes les obligations de la sentence sans contrainte d'aucune sorte.

Avec des sentiments de haute considération, je suis, monsieur le Contre-Amiral, etc.

PAUL.

La somme de vingt mille livres sterling était aussitôt déposée par le gouvernement de la Colombie à la banque Hambro de Londres, et, peu de jours après, l'escadre italienne s'éloignait des eaux colombiennes, après que, dans une dernière note au gouverneur de Bolivar, l'amiral Candiani avait exprimé sa confiance que « dans l'avenir, la plus grande et la plus solide amitié règnerait entre les peuples des deux Etats » (1).

____

(1) Un grand journal français publia à cette époque un article sur l'affaire Cerruti, dans lequel il affirmait que « tous les gouver-

La Colombie se borna à interrompre ses relations diplomatiques avec le royaume d'Italie et à retirer l'*exequatur* aux Consuls italiens. Elle s'empressa de prendre les mesures nécessaires pour le règlement rapide des dettes de la société E. Cerruti et Cie, et, comme s'il fallait que dans cette malheureuse affaire, l'incorrection juridique de la sentence de 1897 se manifestât jusqu'à la fin, elle signa, le 29 décembre 1898, avec MM. Ernest Bourgarel, ministre plénipotentiaire de la République Française, Juan Luhrsen, ministre résident de l'Empire allemand, et Montagu Villiers, chargé d'affaires *ad interim* de la Grande-Bretagne, un protocole tendant à la nomination d'une commission internationale de trois membres chargée de fixer le montant des dettes de la société E. Cerruti et Cie. Les membres devaient être nommés l'un par la Colombie, l'autre par les trois agents diplomatiques étrangers, signataires du protocole, le troisième par les deux premiers membres.

Cette commission ne put fonctionner, à raison d'un désaccord entre les membres sur l'étendue de ses pouvoirs. Enfin, le 8 février 1899, M. Carlos Cuervo Marquez prenait un arrêté aux termes duquel il évoquait

---

nements européens avaient lieu de se féliciter de l'heureuse solution intervenue » ; il ajoutait aussi que « les journaux italiens se félicitent de ce résultat dont ils attribuent le mérite au ministre des affaires étrangères, l'amiral Canevaro, *qui, en soldat, a décidé de ne pas s'en laisser imposer* ». Ne serait-il pas plus intéressant de savoir si, en ministre des affaires étrangères, l'amiral Canevaro a respecté les principes du Droit international ?

directement la connaissance des réclamations des étrangers et des nationaux contre la maison E. Cerruti et Cⁱᵉ.

Dans tous ces actes, il n'était jamais question des intérêts et des droits d'un sujet italien et c'était à la suite de l'intervention diplomatique de l'Italie que la Colombie se voyait forcée de désintéresser des créanciers anglais, français, allemands, voire même colombiens (1).

Depuis l'arrêté ministériel de M. Carlos Cuervo Marquez, le ministre colombien des affaires étrangères a échangé des pourparlers avec les divers créanciers de la maison E. Cerruti et Cⁱᵉ et a proposé à chacun de lui payer le capital de sa créance et 20 0/0 en plus à titre d'intérêts. Cette proposition équitable a été acceptée par un grand nombre de créanciers qui ont déjà été

____

(1) Ces réclamations étaient réparties par l'arrêté international en trois classes :

1º Relativement aux créances étrangères, le Gouvernement entamera avec les Ministres étrangers, représentants des dits créanciers, les négociations correspondantes. Si ces démarches ne donnaient pas de résultat, on ouvrira, dans le but de fixer la responsabilité de la Colombie au sujet de ces créances, une procédure judiciaire ordinaire ;

2º Les créanciers nationaux s'adresseront aux tribunaux ordinaires pour la fixation de leurs créances respectives, à moins qu'ils n'acceptent de les régler directement avec le gouvernement, en vue de quoi il leur est offert des conditions identiques à celles dans lesquelles se régleront les créances de caractère étranger ;

3º Les réclamations des associés de la maison E. Cerruti et Cⁱᵉ à raison de leur apport, réclamations qui entraînent forcément un jugement préalable de liquidation dans lequel seront déterminées leurs droits et les obligations qui leur correspondent, devront se pourvoir en discussion devant le Pouvoir judiciaire.

remboursés, et elle le sera certainement par les autres puisque le droit strict n'obligeait la Colombie — en supposant que la société E. Cerruti et Cie fût solvable, ce qui n'est pas démontré (1) — qu'à payer le capital sans intérêts (2). D'ailleurs le gouvernement royal italien l'a déclarée parfaitement satisfaisante.

A moins d'incidents que l'on ne peut prévoir, l'affaire Cerruti peut donc être considérée comme définitivement réglée. Il semble que l'histoire des négociations difficiles dont elle a été l'occasion comporte des enseignements d'ordre divers : elle peut surtout engager les publicistes, qui se sont donné la noble mission de lutter contre le double fléau de la guerre et de la paix armée, à apporter à la procédure de l'arbitrage international les nombreux perfectionnements dont elle est susceptible.

A l'heure même où ces lignes sont écrites, la *Conférence de la Paix* — quel nom magnifique ! — ouvre ses séances à La Haye. Est-il permis d'exprimer le souhait qu'elle ne s'engage pas dans l'étude de projets utopiques sur la limitation des effectifs et la renonciation des États au droit essentiel de développer et sur-

---

(1) *Vide infra* l'appendice.

(2) Les intérêts des dettes de sommes d'argent ne courent en effet que du jour d'une demande en justice ; cf. art. 1153 Code civil français.

tout de perfectionner leurs armements ? Les délégués des États-Unis d'Amérique vont, dit-on, soumettre un projet d'arbitrage international qui serait appuyé par l'Angleterre ; si ce bruit est fondé, il faut s'en féliciter : là est, en ce moment, la seule solution pratique. Qu'on pose des règles précises sur la composition des tribunaux arbitraux, qu'on fixe les règles de procédure, spécialement pour l'administration des preuves, qu'on organise enfin des voies ordinaires et extraordinaires de recours, et on aura fait œuvre utile.

Sur ces points comme sur d'autres, l'Institut de Droit international a frayé la voie et préparé le travail : il serait donc facile aux gouvernements de promulguer le Code de la procédure d'arbitrage international (1). Que la Conférence de la Paix accomplisse cette tâche et qu'elle laisse à la Providence le soin de mettre fin au régime funeste qui ruine l'Europe et qui, en pleine paix, maintient dans les casernes plus de deux millions et demi d'hommes. En dépit de toutes les protestations et de toutes les résistances, l'évolution

***

(1) Il est difficile de mesurer l'importance de cet immense progrès. Les protocoles d'arbitrage signés par les États en litige formulent à peine d'ordinaire une ou deux règles de procédure et comme tout est laissé à l'arbitraire du juge, les gouvernements sont moins enclins en présence de cet aléa à recourir à l'arbitrage. On entrevoit ce que seraient les procès entre particuliers, si les États, au lieu de promulguer des règles fixes de procédure, avaient laissé aux parties le soin de les déterminer dans chaque hypothèse.

économique des sociétés poursuit sa marche parfois
orageuse, mais toujours dirigée vers le même but, et
le temps est proche où chacun verra que les vrais pro-
tagonistes de la lutte entre les nations, ce sont les
grands armateurs, les grands négociants, les grands
industriels, les grandes agglomérations d'ouvriers au
corps robuste, à l'intelligence saine, à la moralité vail-
lante.

La Providence n'est jamais en retard dans ses œu-
vres : prenons garde de l'être dans la nôtre, et souhai-
tons que les jurisconsultes et les diplomates ne méritent
pas d'entendre dire que le défaut de précision du Droit
international public et les lacunes de la procédure d'arbitrage international sont les grandes causes de la
guerre. Aussi bien, si la Conférence de la Paix accom-
plissait la tâche dont il vient d'être question, les Républiques de l'Amérique Centrale et de l'Amérique du Sud
ne seraient pas les dernières à en ressentir le bienfait
et elles se consoleraient ainsi de n'avoir pas été appe-
lées à collaborer directement à cette œuvre pacifique (1).

____

(1) On sait qu'aucune de ces républiques n'a été invitée à
envoyer un représentant à la conférence de la Haye.

APPENDICE

M. Grover Cleveland, dans sa sentence arbitrale du 2 mars 1897, a alloué à M. Cerruti une indemnité de 60,000 livres sterling (1,500,000 francs environ) : la Colombie n'a cessé de soutenir que cette somme était beaucoup trop élevée et sa conviction sur ce point a contribué à rendre encore plus ardentes ses protestations.

Afin de laisser à cette étude sur l'Affaire Cerruti son caractère exclusivement juridique, l'auteur de ce mémoire a cru devoir en bannir tout examen des intérêts pécuniaires engagés dans le litige italo-colombien ; mais néanmoins il convient de présenter sur ce point et à cette place quelques observations.

Puisque l'illustre arbitre a repoussé toute demande d'indemnité à raison du dommage moral éprouvé par M. Cerruti — paragraphes *a* et *b* de la demande (1) — il faut conclure que le dommage matériel causé à M. Cerruti, le préjudice effectivement subi par lui dans son patrimoine se sont élevés à 60,000 livres sterling.

Le patrimoine actif de M. Cerruti se composait de deux éléments : d'une part les biens meubles et immeubles qui pouvaient être sa propriété directe, d'autre

---

(1) *Vide supra*, p. 83. — La demande de M. Cerruti à raison de ce préjudice moral s'élevait déjà à la somme de 90.400 livres sterling.

part son droit de reprendre son apport dans la société en commandite E. Cerruti et Cie et de recevoir, après la restitution de l'apport des autres associés, 30 0/0 de l'actif net.

Mais quand on cherche en quoi pouvait consister le premier de ces deux éléments de la fortune de M. Cerruti, *on ne le trouve pas :* en effet, si l'on prend le texte même des conclusions des honorables avocats qui soutinrent à Washington les intérêts du demandeur, on voit que ce premier élément se ramenait à un seul immeuble, l'*hacienda* de Salento.

Or cet immeuble de Salento n'était pas la propriété personnelle de M. Cerruti : il appartenait en totalité à la société E. Cerruti et Cie.

Cette assertion a été vivement contestée par M. Cerruti, mais cependant son exactitude ne peut être mise en doute. D'après la loi colombienne, la propriété foncière ne peut être transférée que par acte notarié (*Escritura publica*) et une copie authentique de l'acte de vente de l'hacienda de Salento à la société E. Cerruti et Cie a été produite, lors de la procédure arbitrale de Washington, sans que M. Cerruti ait pu infirmer de quelque manière le témoignage de ce titre (1).

------

(1) Cet acte de vente a été reproduit parmi les documents officiels : *Supplemental Documents filed by Colombia.* p. 13. En voici les premières lignes :

« Nombre quatre-vingt-douze. Dans le district de Cali, état souverain de Cauca, Etats-Unis de Colombie, le vingt-neuf septembre mil huit cent soixante-dix-neuf, devant moi, Manuel Santiago Vergara, notaire assistant de l'office n° 2 de la circonscription de Cali, et les témoins, Messieurs Fernando G. Micolta et Pablo Meza, résidant en ladite circonscription, ayant l'âge légal, bonne réputation et n'étant frappés d'aucune déchéance légale, s'est présenté M. Belisario Buenaventura résidant dans ce district et ayant l'âge

Le gouvernement espagnol, dans sa proposition de médiation de 1888 n'a pas non plus hésité à attribuer à la société E. Cerruti et Cie la propriété de l'hacienda de Salento (1), qui était aussi portée sur les livres de commerce de cette société pour une somme de 64,787 dollars.

Tous les témoignages sont donc absolument concordants, et on ne comprend pas que M. Cerruti ait cru pouvoir, en leur présence, maintenir des affirmations purement gratuites.

Puisque l'hacienda de Salento était la propriété de la société E. Cerruti et Cie et non de M. Cerruti personnellement, il suit que le premier élément de préjudice allégué par celui-ci disparaît complètement : encore une fois, M. Cerruti ne s'est jamais plaint d'aucun autre dommage direct.

Reste le second chef des réclamations de M. Cerruti, celui qui a pour origine son droit de reprendre son

---

légal, que je connais et qui m'a dit : qu'il vend en pleine et perpétuelle propriété à Messieurs E. Cerruti et Cie, négociants en cette ville, ayant l'âge légal et que je connais : l'immeuble de Salento, sis dans cette circonscription, dans le district de Yumbo..... » (Suivent la description de l'immeuble et les clauses du contrat.)

Aux termes de l'article 3, le prix est fixé à 24,000 pesos (105,000 francs). Une dation en paiement partiel fut faite au moyen de la cession d'une maison, sise dans le quartier Saint-Pierre de la ville de Cali et appartenant à M. José Quilici, l'un des associés. En dehors des signatures du notaire et des témoins, on relève les deux signatures suivantes : Belisario Buenaventura ; E. Cerruti et Cie.

(1) Le médiateur espagnol s'exprime ainsi : « Par contrat en date du 29 septembre 1879, Belisario Buenaventura vendit à la maison E. Cerruti et Cie, marchands à Cali, la propriété appelée Salento, sise dans le district de Yumbo, comprenant une maison avec tout son mobilier, des terres labourables et des prairies, des chèvres, des chevaux et divers instruments ..... »

apport dans la société qui porte son nom et de recevoir, après la restitution des apports des autres associés, une part équivalente à 30 0/0 de l'actif social net. S'il faut en croire les allégations des honorables avocats américains, l'apport de leur client aurait été de 129,376 dollars et son droit à 30 0/0 de l'actif net pourrait être évalué, après examen des livres de commerce, à 13,160 dollars; ce qui, d'après le cours du change, représenterait une somme totale de 24,374 livres sterling (1).

Mais il est évident que M. Cerruti n'aurait pu toucher cette somme déjà considérable de plus de 600,000 francs, si la société E. Cerruti et Cⁱᵉ n'était pas solvable en 1885 : il faudrait donc savoir quel était exactement l'état des affaires de cette maison au 31 décembre 1884.

Quoiqu'il soit impossible de connaitre cet état d'une manière parfaitement précise, on peut cependant parvenir à une approximation satisfaisante.

Les livres de la société E. Cerruti et Cⁱᵉ ont en effet été conservés et ils ont été examinés en 1893 par deux experts, l'un italien, M. Lorenzo Codazzi, l'autre colombien, M. Federico Balcazar, *nommés par les deux gouvernements.*

Du rapport de ces honorables experts, il ressort que le solde de l'inventaire de la société E. Cerruti et Cⁱᵉ se liquidait, après restitution des apports aux associés, par un bénéfice net de 17,567 dollars, somme bien modeste si on la compare aux chiffres énoncés par M. Cerruti (2).

---

(1) *Brief on behalf of Ernesto Cerruti.* submitted by Messrs Frederic Coudert and Mallet Prevost, p. 178. — Ces avocats joignaient les intérêts composés de cette somme à 7 %, à savoir 26,700 livres sterling, et ils obtenaient ainsi un total de 51,074 livres.

(2) *Balance Sheets of the Houses of E. Cerruti and Co,* pages 14

Mais on ne saurait garantir que ce bénéfice net ait existé réellement : les deux experts avaient en effet pour mission, ainsi que M. Codazzi lui-même l'a écrit, « non de juger les affaires de la société E. Cerruti et Cⁱᵉ, mais seulement de dresser, d'accord avec les livres de celle-ci, une balance générale des comptes » (1).

L'importance de cette observation n'échappera à aucune personne quelque peu au courant de la tenue des livres de commerce et les syndics de faillite constatent souvent sans surprise que l'insolvabilité presque totale d'un commerçant n'est pas incompatible avec une comptabilité faisant ressortir de larges bénéfices. Il suffit pour que cette erreur, trop souvent volontaire, se produise, de « ne pas passer par pertes et profits » les comptes des débiteurs insolvables, des marchandises dépréciées ou des machines usées ou inutiles, et aussitôt l'actif se trouve indûment majoré du plusieurs centaines de mille francs.

S'il faut en croire le rapport supplémentaire de l'expert colombien, M. Federico Balcazar (2), il semble que la comptabilité de la Société E. Cerruti et Cⁱᵒ présentait plusieurs lacunes ou omissions de ce genre.

Ainsi, en premier lieu, les livres de commerce de la maison de Cali indiquaient à l'actif une somme de 73.614 dollars, qui n'était en réalité représentée que par des créances presque irrecouvrables et il y avait lieu de supprimer, pour les mêmes raisons, une somme

---

et suiv. — Notons en passant que dans cet inventaire de la société E. Cerruti et Cⁱᵉ, l'hacienda de Salento figure effectivement pour une somme de 64,787 dollars.

(1) *Livre vert italien* : Documenti riservati, 1895.

(2) Rapport adressé à M. le Ministre des affaires étrangères, le 31 mai 1897.

de 33,856 dollars de l'actif de la maison de Bonaventura.

Cette observation, qui vise la comptabilité spéciale de chacune des quatre maisons, s'applique aussi à la comptabilité générale de la société même et s'il faut suivre le témoignage de l'honorable expert colombien, une somme de 260,362 dollars — comptes-courants et consignations — devait être ramenée à 78,108 dollars (1). Enfin il convenait de faire subir aussi de fortes réductions au compte « Marchandises », car le quina et le caoutchouc, portés à leur prix d'achat de 1883, avaient subi en 1885 une dépréciation importante dont les livres ne portaient pas trace.

Après avoir ainsi débité le compte Pertes et Profits des diverses sommes qui, après un inventaire sérieux, paraissaient n'avoir aucune chance d'être recouvrées, M. Federico Balcazar a trouvé que la maison E. Cerruti et Cie était en réalité en déficit de 117,728 dollars.

Il est si délicat de faire un inventaire et il y a tant de manières d'apprécier les chances de recouvrement des créances douteuses ou la valeur de marchandises en magasin, qu'il est impossible de garantir que ce bilan, dressé par l'honorable expert colombien, ait été rigoureusement exact ; mais on peut le rapprocher d'un autre bilan, communiqué par M. Pisani Dossi,

______

(1) Cette réduction considérable s'impose d'autant plus que la Société E. Cerruti et Cie paraît avoir eu l'habitude de débiter semestriellement les comptes de ses débiteurs, même peu solvables, du montant des intérêts composés à 7 0/0 l'an, de sorte que la créance de la société croissait dans ce cas en raison directe de l'insolvabilité du débiteur.

ministre résident d'Italie à Bogota, et qui fait aussi ressortir un déficit net de 6,845 dollars (1).

De ces deux témoignages d'origine très différente on peut inférer que les affaires de la Société E. Cerruti et Cⁱᵉ étaient loin d'être aussi prospères que le gérant l'affirmait et on comprend pourquoi pendant tant d'années celui-ci lutta pour obtenir que l'indemnité consistât en une « somme ronde » *(lump sum)*, fixée par voie diplomatique et sans examen préalable des livres de commerce. On comprend aussi pourquoi M. Cerruti redoutait d'être « sacrifié » par la commission de Bogota ; enfin on n'a plus de peine à s'expliquer pourquoi il persista, en dépit de toutes les preuves, à affirmer que l'hacienda de Salento était sa propriété personnelle ; puisque la liquidation de la Société E. Cerruti et Cⁱᵉ aurait à peine laissé un actif net suffisant pour restituer à chaque associé son apport, M. Cerruti avait avantage à s'attribuer un patrimoine personnel considérable, afin d'accroître ses chances d'obtenir une indemnité élevée (2).

---

(1) Livre vert italien : *Documenti riservati*, 1895, p. 138. — Voici le résumé de ce bilan :

		ACTIF	PASSIF
I.	Créanciers étrangers		379.762
II.	Créanciers colombiens		79.301
III.	Débiteurs : propriétés immobilières	132.356	
IV.	Débiteurs : Gouvernement colombien	187.846	
V.	Débiteurs divers.	132.016	
		452.218	459.063
	Passif net	6.045	
		459.063	459.063

(2) Pour accroître ses chances, M. Cerruti employait un double moyen : d'une part, il s'attribuait indûment la propriété de l'hacienda de Salento, d'autre part il donnait à cette hacienda une valeur *dix fois supérieure à sa valeur réelle :* en 1879 elle avait

L'examen de la comptabilité de la Société E. Cerruti et Cie fait donc sur ce point la lumière complète, mais il contribue à rendre plus regrettable l'ignorance dans laquelle l'illustre arbitre américain a laissé les plaideurs au sujet des évaluations qui l'ont conduit à allouer une indemnité de 60,000 livres sterling.

Puisque l'hacienda de Salento n'appartenait pas à M. Cerruti personnellement et que la confiscation de cet immeuble était le seul élément de dommage direct allégué par le demandeur, en dehors du dommage indirect résultant de la confiscation des biens de la Société E. Cerruti et Cie, *il faut nécessairement* que l'intérêt de M. Cerruti dans cette société ait *par lui-même et à lui seul* représenté une somme de 60,000 livres sterling. Mais l'intérêt de M. Cerruti dans la société qui portait son nom n'a pu avoir cette valeur que si l'actif social net, après paiement des dettes, s'élevait à la somme considérable de 169,000 livres sterling environ, chiffre qui dépasse du triple les évaluations les plus optimistes des honorables avocats de M. Cerruti (1) *et*

été achetée 24,000 dollars, c'est-à-dire environ 4,200 livres sterling : or six ans après, en 1885, M. Cerruti l'estimait valoir 38,700 livres, si bien qu'en y joignant les bénéfices soi-disant espérés et qui eussent été perçus pendant les années 1885-1894, 82,788 livres, il réclamait par l'organe de ses honorables avocats, 121,488 livres : (Vide supra les conclusions de ces avocats, paragraphes *c* et *d*, p. 80).

(1) Voici comment le calcul s'établit, en chiffres ronds :

La somme de 60,000 livres sterling comprend d'abord la valeur de l'apport de M. Cerruti, 129,000 dollars qui, au cours du change de 1885, doivent être diminués de 14 1/2 0/0 pour être transformés en livres sterling et équivalent ainsi à 22,150 livres sterling environ.

La somme de 60,000 livres représente pour l'excédent : 60,000 — 22,150 = 37,850, la part de M. Cerruti, 30 0/0, dans l'actif net.

Mais cette part ne peut évidemment être levée qu'après la resti-

qui est plus de sept fois supérieure à la somme fixée par les deux experts italien et colombien, somme reconnue d'ailleurs exacte par M. Cerruti lui-même (1).

On trouve donc encore ici une cause nouvelle de nullité de la sentence arbitrale du 2 mars 1897 ; tous les publicistes et toutes les conventions d'arbitrage admettent en effet implicitement ou explicitement que la sentence est nulle en cas d'erreur de fait évidente et lorsque l'arbitre a statué *ultra petita* (2).

---

tution des apports des autres associés, lesquels apports, au témoignage même des avocats de M. Cerruti, s'élevaient à la somme de 119,000 dollars environ, c'est-à-dire de 20,400 livres sterling ; et comme la part de M. Cerruti, en dehors de son apport, 37,850 livres sterling, n'est que de 30 0/0 de l'actif social, on trouve, au moyen de la règle de trois..................... $\dfrac{37,850 \times 10}{3}$

que cet actif total s'élevait, après déduction des apports, à la somme de 126,166 livres ; si l'on additionne le montant des apports, on trouve que l'actif net de la Société E. Cerruti et Cⁱᵉ, après paiement des dettes sociales, s'élevait à la somme de : 126,166 + 22,150 + 20,400 = 168,716 livres sterling, c'est-à-dire à 4,218,000 francs environ.

Or, les honorables avocats de M. Cerruti (p. 176 de leur mémoire) évaluaient que l'actif net de la Société, *en y comprenant les apports*, pouvait être estimé à la somme de 313,000 dollars, c'est-à-dire de 60,000 livres environ.

(1) Lettre de M. Brin, ministre italien des affaires étrangères, en date du 27 août 1893, *Livre Vert*, 1895, *Documenti riservati*, p. 136.

(2) Ces observations attestent aussi que les créanciers de la société E. Cerruti et Cⁱᵉ doivent se féliciter de l'issue du conflit italo-colombien, car il n'est pas démontré que leur débiteur fût solvable en 1885 et pourtant le gouvernement colombien leur paie le capital de leur créance et 20 0/0 en plus.

ANNEXE I

Décret No 37 de 1898.

Le Vice-Président de la République, chargé du Pouvoir Exécutif.

A raison des procédés imprévus et extraordinaires employés récemment par le Gouvernement de Sa Majesté le Roi d'Italie vis-à-vis de la Colombie.

DÉCRÈTE :

ART. 1er. — Sont déclarées interrompues les relations diplomatiques entre la Colombie et le Royaume d'Italie.

En conséquence, la Légation accréditée auprès de Sa Majesté le Roi d'Italie sera retirée ; les Agents Diplomatiques du Gouvernement italien ne seront pas reçus, et l'Exequatur sera retiré aux Consuls, Vice-Consuls et Agents Consulaires dudit Gouvernement dans la République.

ART. 2. — Les Italiens domiciliés ou de passage en Colombie, ou ceux qui pourraient y venir, jouiront comme étrangers, dans leurs personnes et dans leurs biens, de la protection des autorités, conformément aux lois nationales.

Fait à Bogota, le 12 septembre 1898.

JOSÉ MANUEL MARROQUIN.

Le Ministre des Relations Extérieures,

FÉLIPE F. PAUL.

ANNEXE II

RÉPUBLIQUE DE COLOMBIE

MINISTÈRE DES AFFAIRES ÉTRANGÈRES

Bogota, le 8 février 1899.

Monsieur le Ministre (1),

Monsieur Léo S. Kopp s'étant séparé de la Commission chargée d'établir le montant des dettes de la Maison E. Cerruti et Cie, et Votre Excellence ayant déclaré, dans sa note du 6 du mois courant, qu'elle ne considère pas comme possible de pourvoir à cette vacance, ce en quoi les représentants de la Grande-Bretagne et de la France tombent d'accord avec elle, ce Ministère, par une résolution en date d'aujourd'hui, a décidé d'évoquer directement la connaissance de cette affaire, afin de mettre un terme à cette déplorable question et de sauvegarder de la sorte les responsabilités de la Colombie, en présence de la situation de fait créée aujourd'hui par la dissolution de la Commission.

En vertu de cette décision, j'ai l'honneur de proposer à Votre Excellence ce qui suit :

Le gouvernement paiera en lettres de change à quatre-vingt-dix jours de vue les dettes contractées par la Maison E. Cerruti et Cie, approuvées par cette honorable légation, conformément à l'original que j'ai l'honneur de vous envoyer ci-inclus, sous la réserve des rectifications à faire à raison des erreurs de compte qui seraient démontrées.

Dans l'attente d'une prompte réponse, je renouvelle à Votre Excellence les assurances de ma considération très distinguée.

CARLOS CUERVO MARQUEZ.

---

(1) Cette note fut adressée individuellement à chacun des représentants de l'Allemagne, de la Grande-Bretagne et de la France à Bogota.

PROPOSITION

que le Ministère des Affaires étrangères fait à MM. les Ministres de France et d'Allemagne et au Chargé d'Affaires de la Grande-Bretagne, pour le paiement des dettes d'origine étrangère de la Société commerciale E. Cerruti et Cie.

Solde primitif d'après les livres de MM. E. Cerruti et Cie :		Le Gouvernement offre :	
		MONNAIE D'OR	
	Dollars / Mill.		Dollars / Mill.
D. de Castro et Ca..	84.540, 010		101.448, 012
Isaac et Samuel.....	25.488, 350		30.586, 020
Wm Greenwood et Cie.	8.316, 290		9.979, 548
J. Goddard et Co....	34.416, 660		41.299, 992
J. Hart et Ce	12.434, 840		14.921, 808
Schloss Brothers....	33.292, 350		39.950, 820
D. Migdley et Sons..	10.006, 580		12.007, 896
S. L. Behrens et Co.	8.515, 830		10.218, 996
S. L. Helm et Co....	9.050, 250		10.860, 300
Riems et Held (*)....	1.924, 570		2.309, 484
Simon Hauer........	3.589, 395		4.307, 274
M. Vengohechen et Co.	27.528, 800		33.034, 560
C. Dellatorre	39.647, 800		47.577, 360
F. H. Lomarque et Co.	2.134, 410		2.561, 292
G. C. Louis Babin Fély et Cie..	869, 180		1.043, 016
Kissing et Mollmann.	29.130, 460		34.956, 552
Pector et Ducoud Jr.	9.758, 700		11.710, 440
Angelo et C. Liberty.	77, 610		93, 132
R. Samper et Co....	14.131, 700		16.958, 040
M. Heurtematte et Co.	2.240, 510		2.688, 612
Nicolas Novero	1.332, 660		1.599, 192
	377.436, 955		430.112, 346

A reporter...... 430.112, 346

(*) On croit savoir, par des informations particulières, que les avances de la Société Riems et Held sont couvertes.

Report......... 430.112, 346

MONNAIE D'ARGENT

	Dollars	Mill.	Dollars	Mill.
Brilly et Ferrari....	78.000,	»	93.000,	»
Ch. S. Compbell et Cº.	1.273,	480	1.528,	176
M. Heurtematte et Cº.	4.566,	860	5.480.	232
Stgo French (Sucres).	197,	410	236,	892
	84.037,	750	100.245,	300

Réduits en or au change de 200 % 50.122, 650

MONNAIE COLOMBIENNE

	Dollars	Mill.	Dollars	Mill.
Gaspar Mazza.......	19.089,	355	22.907,	226
José Quilici.........	40.225,	432	48.270,	518
Stgo M. Eder.......	24,	155	28,	986
José Rossy c/utilités.	1.746,	075	2.095,	290
José F. Bolton......	411,	680	494,	»
	61.495,	697	73.795.	020

Réduit en or au change de 300 % 24.598, 673

Dollars.... ... . 504.833, 669

= Francs : 2.524.168.

= Livres sterling : 100.955 (1).

Les sommes précédentes seront payées en monnaie de même espèce que celle en lesquelles lesdites dettes furent originairement contractées.

Bogota, le 8 février 1899.

---

(1) Ces deux évaluations approximatives en francs et livres sterling ne se trouvaient pas dans la note de M. le Ministre des affaires étrangères.

RÉPUBLIQUE DE COLOMBIE

MINISTÈRE DES AFFAIRES ÉTRANGÈRES

Bogota, le 13 Février 1899.

Monsieur,

Me référant à la note estimée de Votre Excellence en date du 11 du présent mois, je tiens à honneur de manifester à Votre Excellence que la proposition faite par le Gouvernement aux créanciers étrangers de la Maison E. Cerruti et Cie ayant un caractère général, toute somme offerte aux créanciers anglais qui ne serait pas d'accord avec cette base d'arrangement, sera scrupuleusement rectifiée, avant que le paiement soit effectué ; cette rectification pourra être faite par le comptable spécial du Ministère, M. Federico Balcazar et un adjoint choisi par Votre Excellence et par ses Honorables Collègues. Il sera également procédé par les dites personnes à une vérification en ce qui touche l'espèce de monnaie en laquelle devra s'effectuer le paiement, le Gouvernement étant disposé à reconnaître les dettes en monnaies de même espèce que celles en lesquelles ces dettes ont été contractées.

En ce qui concerne les créances nouvelles qui auraient été reconnues par les tribunaux colombiens, le Gouvernement prendra comme base pour leur reconnaissance, non la proposition générale qu'il a faite aux autres créanciers, mais le texte même de la sentence judiciaire ; il effectuera les paiements en se conformant aux dispositions de ces sentences, à moins qu'il ne soit prouvé que la créance ait été déjà soldée en tout ou en partie, ou qu'une erreur de compte ait été commise, puisque cette erreur, laquelle est vérifiable, peut être démontrée par l'examen des livres de la Maison débitrice.

Quant à la date du paiement, le Gouvernement propose de remettre à Votre Excellence les lettres de change dans les douze jours qui suivront celui où Votre Excellence communiquera à ce

Ministère l'acceptation de la part des créanciers anglais des termes de l'arrangement que j'ai eu l'honneur de proposer à Votre Excellence.

Je renouvelle à Votre Excellence l'assurance de ma considération distinguée.

CARLOS CUERVO MARQUEZ.

A l'Hon. M. de Villiers, chargé d'affaires « par intérim » de la Grande Bretagne.

Grande Imprimerie de Blois, 2, rue Haute.
EMMANUEL RIVIÈRE, Ingénieur des Arts et Manufactures. × 6038